Charles James Ball

A Hebrew Primer

Adapted to the Merchant Taylors' Hebrew Grammar

Charles James Ball

A Hebrew Primer

Adapted to the Merchant Taylors' Hebrew Grammar

ISBN/EAN: 9783337416805

Printed in Europe, USA, Canada, Australia, Japan

Cover: Foto ©Thomas Meinert / pixelio.de

More available books at **www.hansebooks.com**

שפת כנען

A

HEBREW PRIMER.

ADAPTED TO THE MERCHANT TAYLORS' HEBREW GRAMMAR.

PART I.—EASY FIRST EXERCISES.
PART II.—FIRST READINGS, WITH NOTES.
PART III.
ENGLISH PIECES WITH HINTS, FOR HEBREW COMPOSITION.
TWO GLOSSARIES.

BY THE

REV. C. J. BALL, M.A.,
CHAPLAIN OF LINCOLN'S INN;
FORMERLY CENSOR AND CHAPLAIN OF KING'S COLLEGE, LONDON.

THIRD EDITION.

Multæ terricolis linguæ, cœlestibus una.

LONDON:
SAMUEL BAGSTER AND SONS, LIMITED,
15 PATERNOSTER ROW.
1894.

[*All rights reserved.*]

CONTENTS.

	PAGE
Preface	i
Part I. Elementary Exercises	1
Part II. Readings from the Old Testament	59
Part III. Pieces for Composition	133
Hebrew-English Glossary	193
English-Hebrew Glossary	235

PREFACE.

This work is strictly what its name denotes, a book for beginners. It should be used in conjunction with the Author's Grammar; those parts of the latter should first be studied which correspond to the introductory exercises. It is believed that any one who carefully works through Part I., with constant reference, as suggested, to the Grammar, will find no difficulty in reading the historical books of the Old Testament.

Part II. is provided with references to the Grammar, all of which should be conscientiously examined. The utility of this course will at once become evident to the student himself.

Part III. is intended to meet the needs of candidates for scholarships at the Universities; and the whole work is based on five years' experience in preparing such candidates in connexion with Merchant Taylors' School.

C. J. BALL.

King's College.

PART I.

ELEMENTARY EXERCISES

HEBREW-ENGLISH

AND ENGLISH-HEBREW.

PART I.

ELEMENTARY EXERCISES.

EXERCISE 1.

See Grammar, p. 43 c, 44.

Prefix the article to:

דָּבָר word, thing (m.)
גָּדוֹל great (m.)
טוֹב good (m.)
יֶלֶד boy (m.)
אֶרֶץ earth, land (f.)
הֵיכָל palace (m.)
יְלָדִים boys (Gr. p. 23, note 1)
הָדָר splendour (m.)
אֶבֶן stone (f.)
עִיר city (f.)
רָעָב dearth (m.)
אָדָם man, *homo* (m.)
עֶרֶב evening (m.)
חֶרֶב sword (f.)

חָכָם wise (m.)
חַי living (m.)
רָשָׁע wicked (m.)
עָפָר dust (m.)
חֲמוֹר he-ass (m.)
חֳלִי illness (m.)
חָלָב milk (m.)
אֳנִי a fleet
עֳנִי oppression
אֲרִי lion (m.)
אֱלֹהִים God (m.)
רַע bad, evil (m.)
חֶסֶד kindness (m.)
חֲכָמִים wise men

חֲרָבוֹת swords
עָנָן clouds (m.)
עָשָׁן smoke (m.)

הָ֫רָה to a mountain
הָרִים mountains (m.)
סֵפֶר book (m.)

EXERCISE 2.

See Gr. p. 44, B, notes 1, 2.

Write the interrogative מַה before:

יָשָׁר — הָדָר — גָּדוֹל — טוֹב — חָסֵר — עָשִׂיתָ —
חָדָשׁ — חֲדָשָׁה — אַדִּיר — רָם — עַמּוּד — רָעָה.

And prefix the interrogative ה (Gr. p. 112, 4, note) to:

גּוֹי nation
בָּכָה he wept
נָפַל he fell
לָקַחְתָּ thou tookest
לְבֵן to a son
לְקַחְתֶּם ye took

אָמְרָה she said
אֲמַרְתֶּם ye said
עָשָׂה he made
הֲרַגְתֶּם ye killed
יֵלְכוּ they will walk
אָדָם

EXERCISE 3.

בְּ in, by, with לְ to כְּ as, like

בְּהַדֶּרֶךְ in the way, always contracts into בַּדֶּרֶךְ
לְהָאָדוֹן to the lord, " " " לָאָדוֹן
כְּהָאֲרִי like the lion, " " " כָּאֲרִי

etc., the ה of the article being elided, and the preposition taking its vowel.

Translate:

כָּאֶבֶן — בַּהֵיכָל — בָּאָרֶץ — לָאָדָם — כֶּעָפָר —
בָּאֳנִי (*ba-'oni*) — לַחֲמוֹר

By the boys. To the earth. In the dust. With the kindness. For the lion. As the sword. For the good. In the evening. With the stone. In the oppression. Like the wicked. Like the wise.

EXERCISE 4.

Gr. p. 25, 5, *ad init.*

NOTE.—בְּ, כְּ, לְ, appear as בִּ, כִּ, לִ, before letters with sh'wa; דְּבָרִים words, בִּדְבָרִים with words. See Gr. p. 13, note 2. Sh'wa is omitted after yodh; as בִּיקָר in honour, = יְקָר + בְּ.

N.B.—Italicized words are meant to be omitted throughout these Exercises.

Translate: By a lion. In a fleet. As an ass. In a heat (חֳרִי). With stones (אֲבָנִים). In eating (אֱכֹל). In a sickness (חֳלִי). To God (Gr. p. 26, *b*). As a lion. With a lyre (נֶבֶל). According to (כְּ) the word.

Translate: By falling (Gr. p. 14, 3). To great ones (גְּדוֹלִים). In ways (דְּרָכִים). Like blood-drops (דְּמֵי) of the lion. For one fearful (יְרֵא) of man. According to (כְּ) word of (דְּבַר) God. By word of the man. By prowess of (גְּבוּרַת) the king (מֶלֶךְ). With weeping (בְּכִי). In *the* days of (יְמֵי) the famine. To thy right hand (יְמִינְךָ).

EXERCISE 5.

מִן־ from; מִדָּבָר from a word. *The nun assimilates;* see Gr. p. 27, 2, נלח.

מֵאֶרֶץ from a land. *Gutturals cannot be doubled*, see Gr. p. 24.

מֵהָאָרֶץ / מִן־הָאָרֶץ } from the land

מִחוּץ לְ on the outside of . . .

וְ and; Gr. p. 118, *ad fin.* Orig. *wă*, which became *wĭ* and *wĕ*, and even *w*ᵉ.

Notice also מִיהוּדָה = מִן־יְהוּדָה from Yehúdá, and וִידֵי הַיֶּלֶד (וִידֵי = יְדֵי + וְ) and the hands of the boy. See Ex. 4, note.

Translate:

מֵאֱלֹהִים — כֵּאלֹהִים — וּדְבָרִים — כִּימֵי דָוִד — מִן־הָאֲרִי
אָמְרָה לְאָדָם — מִחוּץ לַבַּיִת

לָקַחְתְּ מִמֶּנִּי (Gr. p. 46, pron. suff., and p. 48, 4.)
אֲמַרְתֶּם לַמֶּלֶךְ — עָשָׂה אֶת־הָאֳנִי (p. 47, *ad med.*)
מִימִינְךָ.

From fruit of (פְּרִי) the ground (אֲדָמָה). And weeping of the man. And eating. From blood-drops of the lion. Fearful of God. And stones. And from the land. And to the king. And with a sword (Ex. 1). And from sickness (Ex. 4). And to the lion. And to the man. And to a man. And in days of old (קֶדֶם). On the outside of (to) the city. In *the* hands of the king. He came into (בְּ) Yᵉrúshálàim (יְרוּשָׁלַיִם). From days of old. The word to Yehúdá(h) and Yᵉrúshálàim.

EXERCISE 6.

Pausal and Pretonic Vowels.

Gr. p. 37, *b*, 38.

Translate, parsing the pausal forms:

תֹּהוּ וָבֹהוּ — לְבֶֽכִי — הַחֹֽלִי — מֵעֹֽנִי — בֶּחָֽרֶב —
לָמָֽיִם: — בַּשָּֽׁחַת: — אִישׁ אֶחָד לַשָּֽׁבֶט:

And with weeping. And to the sword. In a vision (רֳאִי). From the sickness. And in the fleet. Generation and generation (דּוֹר, Gr. p. 118, וָ). Day and night (לַיְלָה, יוֹם). (Athnaḥ or silluq falls on the last word in each case).

EXERCISE 7.

Pronouns.

Demonstrative, see Gr. p. 42, 43; Personal, p. 44, 45. See also p. 124, line 3; 126, at end, "In a sentence the subject," etc.; 127, lines 1-7.

גָּבֹהַּ high, tall	אִישׁ man, *vir*
זָקֵן old	רַע evil, f. רָעָה wickedness
יַלְדָּה girl	גָּדוֹל great, f. גְּדוֹלָה
קָטֹן young, small, f. קְטַנָּה	צָעִיר small, younger

Translate:

הָהָר הוּא גָבֹהַּ — הֶעָשָׁן הַזֶּה
אֵלֶּה הֵם בְּנֵי יִשְׂרָאֵל — הַחֶרֶב הַזֹּאת

הָֽאָדָם הַהוּא	רַבִּים אַנְשֵׁי הָאָרֶץ
הַיּוֹם הַהוּא	רָם הַהֵיכָל
הָעִיר הַגְּדוֹלָה	הַדָּבָר הַטּוֹב הַזֶּה
זָקֵן הָאִישׁ	זֶה הַהֵיכָל הַגָּדוֹל
הַיֶּלֶד הַקָּטָן הַהוּא	אַתָּה הַצָּעִיר

This great wickedness. The wickedness *is* great. The old man. That old man. An old man. This *is* the old man. That girl *is* young. A man, and a boy, and a mountain (see Ex. 6, pretonic ָ). Thou *art* the man. Who *are* ye? He *was* in (לְ) sickness. This oppression is evil. Thou *wast* great. This boy is good. This sickness is evil.

EXERCISE 8.

בְּהֵמָה cattle (coll. f.)	חָדָשׁ new, f. חֲדָשָׁה
עוֹף birds (coll. m.)	מִן־ some of . . . (Gr. p. 50, l. 9)

Translate:

קָטָן הַיֶּלֶד הַהוּא	בָּעִיר הַזֹּאת
אֲנִי זָקֵן	מֵאָדָם עַד־בְּהֵמָה
הַחֶרֶב הַזֹּאת חֲדָשָׁה	
הַבְּהֵמָה אֲשֶׁר לֹא טְהֹרָה הִיא	
בָּאֳנִי הַחֲדָשָׁה	בָּעוֹף וּבַבְּהֵמָה
מִי אֵלֶּה	הוּא אִישׁ־הָאֲדָמָה
הִיא הַחָכְמָה	
מִכֹּל הַבְּהֵמָה הַטְּהֹרָה וּמִכֹּל הָעוֹף הַטָּהוֹר	
אֲנַחְנוּ עָפָר מִן־הָאֲדָמָה	קְטַנִּים הַיְלָדִים הָהֵם

Who *is* that man? What *is* this (f.)? Some of the birds Those men (אֲנָשִׁים) *are* old (Gr. p. 62). Thou (f.) *art* young. Those cattle *are* not clean. Those boys are not tall. You (m.) *are* dust from the ground. He *was* a farmer (man of the ground).

EXERCISE 9.

Gr.: Pronouns, p. 46-50; Order of Words, p. 123, 124.

עָשָׂה he made	בָּא he came, went
(לְ) קָרָא he called	בָּנָה he built
נָתַן he gave, put, made	לָקַח he took
חָרָבָה dry land	אוֹר light

Translate:

עָשָׂה אוֹתִי וְאוֹתְךָ וְאֶת־כָּל־הָאָדָם׃

לָקַח אִישׁ מִמֶּנּוּ   הַכֹּל אֲשֶׁר עַל־הֶחָרָבָה

לָקַח מִכֹּל הַבְּהֵמָה הַטְּהוֹרָה

מִי כָמֹהוּ   קָרָא לֶחָרָבָה אֶרֶץ׃

נָתַן־לִי אֶת־הַחֶרֶב הַזֹּאת

עָשָׂה־לוֹ אֶת־הָאָרֶץ וְאֶת־הָאָדָם וְאֵת הַכֹּל׃

אִתְּךָ קָרָא מִן־הָאָרֶץ   נָתַן אֶת־הָאֲרִי הַזֶּה לָנוּ

בָּנָה לָהֶם עִיר חֲדָשָׁה   לָקַח מֵהֶם אֶת־הַחֶרֶב הַהִיא

כָּל־אֲשֶׁר־לִי   עִמָּכֶם בָּא בַהֵיכָל

קָרָא אֱלֹהִים לָאוֹר יוֹם (Gr. p. 124, 3, subj. after pred.)

He came unto you. *Art* thou like us? The cattle which *were* upon the earth. He made all living

(נֶפֶשׁ הַחַיָּה) from man to cattle. You have that sword (to you that sword). He made mankind on the earth. Great *was* the wickedness on the earth. Yonder man came to me (*verb first*). The wise man went to the mountain (הָהָרָה, Gr. p. 52, ה *locale*). He gave you all that you have (all which to you). He took some of the people. He called us out of the dust. He called the weapon (כְּלִי) a sword.

EXERCISE 10.

Gr. pp. 54, 55.

כֶּסֶף silver
זָהָב gold
מָגֵן shield
שְׁאוֹל the Underworld
שָׁלוֹם health, peace
אָכְלָה food
לַיְלָה night (m.)
עָמֹק deep
בְּאֵר well (f.)
צִפֹּר bird (c.)
צֹאן sheep (coll.)
יָרֵחַ moon

Translate :

מִי בָּאֱלֹהִים (pl.) כָּמוֹךָ
אָמְרָה אֵלָיו מִי אָתָּה׃
אֹתָנוּ נָתַן בָּאָרֶץ׃
אֲמַרְתֶּם מֶה־עָשָׂה אֱלֹהִים
הֲשָׁלוֹם לוֹ (Ex. 2, ה inter.)
הַאֲמַרְתֶּם כָּזֹאת
עָשָׂה לִי אֶת־הַמָּגֵן הַטּוֹב הַזֶּה
נָתַן לָכֶם אֶת־הַכּוֹס הַגְּדֹלָה הַהִיא

לָקַח אֶת־הַיֶּלֶד מִמֶּנָּה
נָתַן לְךָ אֶת־כָּל־אֲשֶׁר־לוֹ׃
נָתַן אֶת־הַכֶּסֶף כָּאֲבָנִים
מֶה־עָמֹק שְׁאוֹל
אֹתוֹ הֲרַגְתֶּם (Ex. 2) בַּחֶרֶב

That well *is* deep. This bird is clean. *Is* the lion clean? Who made this shield? What did he call (to) this bird? He made *the* gold like the dust. He took some of the sheep from thee, and to us he gave *them* for food. Are ye well? (*Is* health to you?) The moon is large to-night (the night).

EXERCISE 11

Gr. p. 55, 6, pp. 56, 57, 2, 3.

1. Write down the abs. pl. of אוֹת, f., אַדִּיר, m., אַיָּלָה, f., זָר, m., מְעָרָה, f., מַלְאָךְ, m., דָּם, m., גִּבּוֹר, m., אַלּוֹן, m., סֻכָּה, f., תַּחְתִּיָּה, f., עִבְרִית, f., יְהוּדִי, m., עֵדָה, טוֹב, תּוֹעֵבָה, שָׁנָה, נָכְרִי.

2. The f. sing. abs. (Gr. p. 56, *b*) and constr. (p. 57, 3) of גָּדוֹל, נָצוּר, מֵקִים, קָם, רָם (qameç in *qám*, *rám*, does not change).

3. The constr. sing. (p. 57, 2) of דָּבָר, בָּרָק, לֵבָב, זָקֵן, כָּבֵד, יָקָר; and the constr. pl. of סוּס, רָם, אֵל, אַדִּיר, בְּכוֹר, אֵלוֹן (none of these vowels change).

4. The constr. sing. and pl. (p. 57, 3) of the following words with mutable vowels: שָׁנָה, מֵאָה, פֵּאָה, יָפֶה; also constr. sing. of עֵצָה, עֵדָה, חֵמָה, תּוֹעֵבָה. (Gutturals do not take simple sh'wa, Gr. p. 25, 4.)

5. Make the dual of יָד hand, שׁוֹק leg, רֶגֶל foot (add the new ending to the stem *ragl*), יוֹם day, שֵׁן tooth (stem *shinn*), אַף nostril (stem *'app*), עַיִן eye, בֶּרֶךְ (*birk*) knee.

EXERCISE 12.

Gr. p. 46; The Suffixes, pp. 58, 59.

SING.	PLUR.
מֶלֶךְ king	מְלָכִים kings
מֶלֶךְ הָאָרֶץ king of the land	מַלְכֵי־הָאָרֶץ kings of the land
מַלְכִּי my king	מְלָכַי my kings
מַלְכְּךָ / מַלְכֶּךָ } thy (m.) king	מְלָכֶיךָ thy (m.) kings
מַלְכֵּךְ thy (f.) king	מְלָכַיִךְ thy (f.) kings
מַלְכּוֹ his king	מְלָכָיו his kings
מַלְכָּהּ her king	מְלָכֶיהָ her kings
מַלְכֵּנוּ our king	מְלָכֵינוּ our kings
מַלְכְּכֶם your (m.) king	מַלְכֵיכֶם your (m.) kings
מַלְכְּכֶן your (f.) king	מַלְכֵיכֶן your (f.) kings
מַלְכָּם their (m.) king	מַלְכֵיהֶם their (m.) kings
מַלְכָּן their (f.) king	מַלְכֵיהֶן their (f.) kings

Learn the above by heart, and notice (i.) that *all* suffixes in the sing. attach to the stem *malk;* (ii.) that in the pl. all attach to *mlákhay* (*èy*, *-éy*) except *khèm*, *khèn*, *hèm*, *hèn*, which four attach to *malkhéy;* (iii.) that kaf in the pl. is aspirated.

EXERCISE 13.

See last Exercise, and Gr. p. 59.

Write out with *all* the suffixes the sing. and pl. of (i.) דֶּרֶךְ a way, אֶבֶן a stone, כֶּרֶם vineyard, גֶּפֶן vine; (ii.) שֵׁבֶט a rod, נֵדֶר a vow.

ELEMENTARY EXERCISES.

SING.	PLUR.
מַלְכָּה queen	מְלָכוֹת queens
מַלְכַּת הָאָרֶץ ,, of the land	מַלְכוֹת הָאָרֶץ ,, of the land
מַלְכָּתִי my queen	מַלְכוֹתַי my queens
מַלְכָּתְךָ thy (m.) queen	מַלְכוֹתֶיךָ thy (m.) queens
מַלְכָּתֵךְ thy (f.) queen	מַלְכוֹתַיִךְ thy (f.) queens
מַלְכָּתוֹ his queen	מַלְכוֹתָיו his queens
מַלְכָּתָהּ her queen	מַלְכוֹתֶיהָ her queens
מַלְכָּתֵנוּ our queen	מַלְכוֹתֵינוּ our queens
מַלְכַּתְכֶם your (m.) queen	מַלְכוֹתֵיכֶם your (m.) queens
מַלְכַּתְכֶן your (f.) queen	מַלְכוֹתֵיכֶן your (f.) queens
מַלְכָּתָם their (m.) queen	מַלְכוֹתֵיהֶם / מַלְכוֹתָם their (m.) queens
מַלְכָּתָן their (f.) queen	מַלְכוֹתֵיהֶן / מַלְכוֹתָן their (f.) queens

Learn the above by heart, and notice (i.) that in the sing. all the suffixes but *khèm, khèn*, are preceded by qameç in the open pretonic syllable; (ii.) that in the sing. the kaf is unaspirated all through; (iii.) that *all* suffixes in the pl. attach to *malkhothay* (-èy, -áy, -éy); (iv.) and that the kaf is aspirated, and therefore *without* dagesh, throughout the plural.

EXERCISE 14.

Write out שַׂלְמָה and שִׂמְלָה a shirt, wrapper, with all suffixes sing. and pl. See last Exercise, and Gr. p. 59.

EXERCISE 15.

Gr. p. 59; Suffixes, p. 46.

נֹעַם pleasantness   דֶּרֶךְ way
עַמּוּד pillar   נֶדֶר vow
יָקָר precious, costly, f. יְקָרָה   אֹזֶן ear
הֶבֶל a breath, vanity   גֹּדֶל greatness
נֶסֶךְ idol   נֶפֶשׁ life, soul (f.)
כֶּרֶם vineyard   שֹׁרֶשׁ root
גֶּפֶן vine   זֵכֶר remembrance
רֶגֶל foot   זָהָב gold
עֶבֶד slave   כֶּסֶף silver
אֶבֶן stone   קֹדֶשׁ shrine

Translate:

אֶבֶן עֵזֶר   אַבְנְכֶם
אַבְנֵי הָאֲדָמָה   חַרְבִּי
אָמַרְתָּ זֹאת לְמַלְכֵּנוּ   אָמַר הֶבֶל הוּא
מַה־יָּקָר חַסְדֶּךָ   לְעֵת עֶרֶב
בֵּין הָעַרְבַּיִם   אֵת הַחָכְמָה מָלַכְתִּי
אֹתוֹ לָקַח אֱלֹהִים מֵאֶרֶץ הַחַיִּים   סֵפֶר הַמַּלְכָּה
שֵׁבֶט מַלְכֻּתֶךָ   שַׂלְמוֹתֶיהָ
אֵלֶּה שַׂלְמוֹת מַלְכָּתֵנוּ:   בִּגְדֵיהֶם
דְּרָכֶיהָ דַרְכֵי־נֹעַם   לֹא יְקָרוֹת הָאֲבָנִים הָאֵלֶּה

My vineyard. His vine. Her foot. A slave's foot. Her stones. Thy ways. Thy (f.) vows. Ears (constr.). His greatness. Their kings are great kings. How great are the kings of those cities (עָרִים)! My boys. Their life *is* precious. Their lives *are* precious. Roots *are* good for food. Your ears are large. Their remembrance. Our sceptres are sceptres of gold and silver. The shrines of their (m.) idols are great. Their (m.) ways *are* ways of pleasantness. His robes *are* very costly. The pillars of that temple are lofty.

EXERCISE 16.

Gr. p. 60, Rem. 1.

שִׂמְחָה joy	גֹּרֶן cornfloor
חֵזֶק strength	שַׁעַר gate
אַדֶּרֶת cloak	חֶרְפָּה reproach
חָרְבָּה ruin	חֵלֶק smoothness; lot, part
פֶּתַח gate	עֵגֶל steer
חֵפֶץ delight	עֶגְלָה heifer
קֶשֶׁת bow (f.)	פֹּעַל a deed
אֹהֶל tent	זֶרַע seed; offspring
חֹדֶשׁ month	תֹּאַר aspect, appearance

Translate:

חָרְבוֹת עוֹלָם חָרְבוֹתַיִךְ   יַהְוֶה חִזְקִי
חַסְדֵי עוֹלָם חֲסָדֶיךָ   שַׁעֲרֵי זָהָב
פִּתְחֵי הָעִיר הַהִיא רָמִים מְאֹד   פִּתְחֲךָ הוּא גָדוֹל
פָּעֳלֵי הַחֲכָמִים טוֹבִים   פָּעָלְךָ הוּא רַע
חֶרְפָּתֵנוּ רַבָּה   זֶה אָהֳלִי הַגָּדוֹל
אֵלֶּה חָרְבוֹת הָעִיר   זַרְעֲךָ וְזֶרַע זַרְעֶךָ

וּלְזַרְעֲךָ נָתַן אֶת־הָאָרֶץ הַזֹּאת   זֹאת לָקַח בְּחַרְבּוֹ וּבְקַשְׁתּוֹ

חֶלְקְכֶם וְאָהֳלֵכֶם וְשַׁעֲרֵכֶם   חֲמוֹרֵיהֶם וְעֶגְלוֹתֵינוּ וַעֲגָלָיו

מַה־תָּאֳרוֹ

Our ruins. Our seed. Your (m.) deeds. Their (f.) lot. Thy (f.) reproach. Cornfloors (f. ending). The steers are in the cornfloors. The gates of her city are high. God is our strength. The reproach of thy (m.) offspring is great. Your (m.) silver sceptres. We have many slaves, and much (use רֹב, a subst.) gold and silver. Their (m.) ways are not my ways. His tents *are* tents of delight. All my delight *is* in them (m.). This *is* their lot from Yahwè.

EXERCISE 17.

Gr. p. 60, Rem. 2, pp. 61, 152, *c*, *d*.

בְּ with verbal noun = when.

בְּאֵר well, pl. בְּאֵרוֹת, constr. בֶּאֱרוֹת

אֱכֹל eating

פֶּגֶר corpse

שְׁכֶם shoulder

עֲמֹד standing

פְּקֹד עַל־ punishing

בְּאשׁ stench

אֱמֹר saying

Translate:

עָמְדִי   אֱמָרְךָ

שִׁכְמָהּ   בֶּאֱרוֹת מַיִם

בְּאשׁ פִּגְרֵיהֶם   בָּאְשָׁם

אֲכָלְכֶם
בְּאָכְלָם
בַּאֲכָלְכֶם מִלֶּחֶם
בַּעֲמֹד הָעָם בַּפֶּתַח
אָמַר לָאִישׁ זֹאת בְּאֵרִי

בַּיּוֹם פָּקְדִי אֹתָם
אַחֲרֵי (after) אָכְלוֹ לֶחֶם
בֶּאֱכֹל הָעוֹף אֶת־הַפְּגָרִים
בִּפְקֹד אֱלֹהִים אֹתָנוּ

My eating. Thy (f.) eating. Her (f.) standing. The stench of the corpses *is* very bad. Thy shoulder. His well. Your (m.) saying. When you eat this (in your eating). When God punisheth the wicked (רְשָׁעִים). Wells of water and wells of bitumen (חֵמָר). When the man stood in the gate of the city.

EXERCISE 18.

Weak Forms.

Gr. p. 60 (i.).

חַד sharp
דַּק thin
כַּף palm (of hand), du. כַּפַּיִם
רַב great, רַבִּים many
קֵץ end
עֵת time, pl. עִתּוֹת
רִנָּה shouting

כֹּל whole, total
עֹז might
סֹךְ den, lair
סֻכָּה booth, hut
יָשְׁבוּ they dwelt
יָשַׁב he dwelt, abode

הַר mountain	רַע evil, bad	see Gr. p. 24, 1, gutturals.
פַּר bull	פָּרָה cow (=*parrá*)	
שַׂר prince	עַם people	

Translate:

חַדָּה מְאֹד הַחֶרֶב הַהִיא
רָעִים שָׂרַיִךְ
כַּפֶּיךְ לֹא־טְהֹרוֹת
יָשְׁבוּ הַפָּרִים בָּהָר
עָשָׂה אֶת־כֻּלְּכֶם

הַפָּרוֹת הַדַּקּוֹת הָאֵלֶּה
כַּפַּיִם טְהֹרוֹת לָהֶם
בַּסֻּכּוֹת יָשְׁבוּ הָעָם
בָּא הָאִישׁ בְּרִנָּה

The peoples, all of them, are mine. *The* shouting of the princes. My times (f. ending). They dwelt in booths on the mountains. The lion abode in his lair. God is my might. *The* peoples of the earth are many. Many mountains *are* upon the earth. My palms are thin. Thy (f.) princes, all of them, are wicked. The end came to (אֶל־) my people. Their end is near (קָרוֹב).

EXERCISE 19.

Gr. pp. 60, 61.

מַיִם water, constr. מֵי
גְּדִי kid
כְּלִי weapon, vessel
רָאָה he saw, heeded
רַךְ weak, tender, f. רַכָּה
שְׁבִי captivity
יְפִי beauty
תָּוֶךְ middle

שׁוּק street, pl. שְׁוָקִים
דְּלִי bucket
יַיִן wine
נָהָר river
עַיִן eye, עֵינַיִם eyes (f.)
פְּרִי fruit
עֵז goat, pl. עִזִּים
שָׁפַךְ he poured

Translate:

דַּלִּים אֲנַחְנוּ וְעָנְיֵנוּ כָּבֵד   בָּא אֵלַי הָעֶבֶד בְּתוֹךְ הַבָּיִת
רָאָה אֱלֹהִים אֶת־עָנְיָם בְּאֶרֶץ נָכְרִיָּה
רָאָה הַמֶּלֶךְ אֶת־יָפְיֵךְ
מַה־טּוּבוֹ וּמַה־יָּפְיוֹ
רָב־גְּדָיֵי הָעִזִּים יֶשׁ־לָנוּ
בָּנָה אֶת־הֵיכַל אֱלֹהָיו בְּתוֹךְ הָעִיר
שָׁפַךְ מַיִם חַיִּים אֶל־כֶּלִי׃   בָּא זַרְעֲךָ מֵאֶרֶץ שִׁבְיָם
נָתַן אֶת־חֻקּוֹתָיו הַטּוֹבוֹת לְעַמּוֹ

Those oxen *are* lean. He saw them in the streets. Her eyes are weak. Your fruit is very good. All these kids of the goats *belong* to that man. Ye killed the tender kids in the midst of the streets. He poured the water of the river into his bucket. How great *is* thy (f.) beauty! The trees of the land yielded not their fruit. He poured their wine on the ground. Their great God saw their grievous oppression.

EXERCISE 20.

SING.	PLUR.
דָּבָר a word	דְּבָרִים words
דְּבַר הָאָדָם word of the man	דִּבְרֵי הָאָדָם words of the man
דְּבָרִי my word	The rest of the plural
דְּבָרְךָ, דְּבָרֶךָ thy (m.) word	is formed exactly
דְּבָרֵךְ thy (f.) word	like מלכים in Ex. 12,

SING.	PLUR.
דְּבָרוֹ his word	but keeping *i* (not *a*) in the first syllable before the *heavy* suffixes *khèm*, *khèn*, *hèm*, *hèn*.
דְּבָרָהּ her word	
דְּבָרֵנוּ our word	
דְּבַרְכֶם your (m.) word	
דְּבַרְכֶן your (f.) word	
דְּבָרָם their (m.) word	
דְּבָרָן their (f.) word	

Learn the above, and (i.) form the rest of the pl.; (ii.) write out יְשָׁרָה, constr. יִשְׁרַת, with *all* suffixes sing. and pl., on the model of מַלְכָּה, Ex. 13, but keeping *i* (not *a*) in the shut first syllable; see Gr. p. 62.

EXERCISE 21.

Gr. pp. 62, 72 col. 1, perf. qal of strong verb.

נָקֹד spotted	גְּדֵרָה ring-fence, fold
קְלָלָה curse	מָשָׁל proverb
נָדַד he fled	לְבֵנִים bricks
נוֹרָא fearful, awful	אֶרֶז cedar
יָשֵׁן he slept; adj. asleep	כְּנָפַיִם wings (f.)
נָבִיא prophet	לָבָן white

Translate:

צָֽפְנוּ לְנַפְשׁוֹת הַיְשָׁרִים

מָה רַב טוּבְךָ אֲשֶׁר צָפַנְתָּ לָנוּ

שָֽׁפְכוּ־דָם כַּמַּיִם בְּעֵינֶיךָ

שְׁמַעְתֶּם מִשְׁלֵי הֶחָכָם

ELEMENTARY EXERCISES.

קוֹל יַהֲוָה שָׁבַר אֲרָזִים דִּבְרֵי אֱמֶת דְּבָרֶיךָ
אָמַרְתָּ קְלָלוֹת רָעוֹת בְּשַׂר הַבְּהֵמָה טוֹב הוּא לְאָכְלָה
הַבַּיִת מְלֵאת עָשָׁן נִקְדֵּי הַצֹּאן לִי־הֵמָּה
בְּסַעֲרָתוֹ עָשָׂה שְׁמָמוֹת רָאָה יַהֲוָה צִדְקַת לִבֵּנוּ
עָנָן כְּנָפַיִם רַבּוֹת מַה־יָּפוֹת כַּנְפֵי הָעוֹף
לְבַב הָאָדָם רַע הוּא מִנְּעוּרָיו לֹא נָתַן שֵׁנָה לְעֵינָיו
נָדְדָה שְׁנָתִי מֵעֵינַי׃

Your old *men* are as boys. Deep waters *are* my words. They slept an everlasting sleep (sleep of eternity). The king's sleep fled. How good *is* thy (m.) sleep (pausal)! Heardst thou the awful curses of the prophet? All of them *are* asleep in that great city. *The* cedars of the mountains are tall. His wings *are* very white. Ye gave me some of your bricks. Her fences *are* high. He spake pleasant words to his servants. Their proverb is excellent in our eyes. He came to the folds of the sheep. In our folds lie (רֹבֵץ, ptcp. m. pl.) the spotted goats.

EXERCISE 22.

Gr. pp. 62, 63.

Vowels mutable:

עֵץ tree
בֵּן son
שֵׁם name
יָד hand, du. יָדַיִם

יָמִים days
דָּג a fish
דָּגָה fish (coll.)

Vowels immutable:

נֵר a light, lamp, pl. נֵרוֹת
גֵּר stranger, resident foreigner

מָקוֹם place
קָרוֹב near
קָדוֹשׁ holy
תָּמִים complete, perfect
נָעִים pleasant, *amœnus*
כּוֹכָב star
מוֹשָׁב seat, dwelling
יָמִין right hand

צֵל (*çill*) shadow
לִפְנֵי before
פֶּלֶג stream
שׁוֹפֵט judge
יָם sea, pl. יַמִּים
שָׁתוּל planted
שָׁמַע he heard

עָשָׂה אֱלֹהִים אֶת־דְּגַת הַיָּם וְאֶת־עוֹף הַשָּׁמָיִם׃
חֲבָלִים נָפְלוּ־לִי בַּנְּעִימִים וּבְמוֹשַׁב רְשָׁעִים לֹא יָשַׁב׃
גֵּר אָנֹכִי עִמָּכֶם אֱלֹהִים תָּמִים דַּרְכּוֹ
עֲצֵי הַיַּעַר רַבִּים וּגְדוֹלִים אָכַלְנוּ מִדְּגֵי הַיָּם
לֹא יָדַעְתִּי אֶת־שְׁמוֹת הַכּוֹכָבִים עֵץ שָׁתוּל עַל־פַּלְגֵי־מָיִם
יֵשְׁבוּ בְּנֵי גֵרִים בְּאַרְצֵנוּ
יְהוָה שֹׁמְרֶךָ יְהוָה צִלְּךָ עַל־יַד יְמִינֶךָ׃
רְשָׁעִים שֹׁפְטֶיךָ מִי סָפַר אֶת־כּוֹכְבֵי הַשָּׁמָיִם׃
אֵלֶּה הֵם כָּל־הַמְּקוֹמוֹת אֲשֶׁר בָּנָה הַמֶּלֶךְ

A lamp to my feet *is* thy word! He made its (f.) lamps *of* gold. How many *are* the fishes of the sea! What *is* thy name? I know not *the* names of *the* sons of these strangers. I heard the sound (voice) of the pleasant streams of water. My son stood before his judges. Days of distress (צָרָה) *are* near *to* you. This *is the* place of *the* dwelling of *the* Holy *One* of my people. He took that sword from *the* hands of his little son. God *is the* holy judge of all *the* earth. All his delight (חֵפֶץ) *is* in *the* perfect of mankind. His hands made (עָשׂוּ) us all. What *is* his name, and what his son's name? (use maqqef in *both* clauses; see Gr. p. 36, *ad init.*) We *were* sitting (ptcp. qal) in *the* pleasant shadow of the trees. Under (in) thy shadow sat all the nations which are near to thy land. The fish of the seas *are* more numerous than (Gr. p. 137) the sons of man.

EXERCISE 23.

Gr. p. 64.

פֶּשַׁע offence
עֹשֶׂה maker
מַעֲשֶׂה a work
רֹעֶה shepherd
מִקְנֶה substance, esp. cattle
כִּסֵּא throne
בַּלָּהָה terror
הִצִּיב he set up
דָּלַק to chase hotly
מִצְוָה a command
מִשְׁפָּט judgment; custom
מַעְגָּל a track, path
מַצֵּבָה pillar
חַטָּאת a sin, offence
נִקָּיוֹן cleanness, purity
בֵּין between
נָתַץ he pulled down
קְבוּרָה grave
רִאשׁוֹן former, first

Translate:

עֶזְרִי מֵעִם יַהְוֶה עֹשֵׂה שָׁמַיִם וָאָרֶץ׃
לֹא יָשֵׁן רֹעֵה יִשְׂרָאֵל מַעֲשֵׂי יָדָיו אֱמֶת וּמִשְׁפָּט

מַה־גָּֽדְלוּ מַֽעֲשֶׂיךָ   אִישׁ זָקֵן בָּא מִן־מַֽעֲשֵׂהוּ בָּעֶרֶב
אֲנִי נָתַתִּי לָכֶם נִקְיוֹן שִׁנַּיִם   בַּלָּהוֹת הַמָּוֶת נָֽפְלוּ עָלַי
הַגֵּד* לְבֵית עַמְּךָ חַטֹּאתָם
חַטָּאתָם כָּֽבְדָה מְאֹד   חַטָּאתִי וְחַטַּאת עַמִּי לְפָנֶיךָ
זָכַרְתִּי מִשְׁפָּטֶיךָ מֵעוֹלָם   מִשְׁפְּטֵי יַֽהְוֶה אֱמֶת
נָתַתָּ לָהֶם חֻקִּים וּמִצְוֹת טוֹבוֹת   וּלְמִקְנֵהוּ עָשָׂה סֻכּוֹת
הִצִּיב יַֽעֲקֹב מַצֵּבָה עַל־קְבוּרָתָהּ הוּא מַצֶּבֶת קְבוּרַת־רָחֵל
שָׁם יָֽשְׁבוּ כִסְאוֹת לְמִשְׁפָּט כִּסְאוֹת לְבֵית דָּוִד׃

* Tell thou.

With purity of hands he did this. Great *are the* works of Yahwè. All the works which he did were just and sincere (justice and sincerity). He came from his field in the evening. What is our offence, what *is* our sin, that thou hast hotly chased after us? Ye kept all my commands and my judgments. And there was strife (וַֽיְהִי־רִיב) between *the* herdsmen of *the* cattle of 'Abrám, and between *the* herdsmen of *the* cattle of Lóṭ. The upright walk in paths of straightness (צֶדֶק). He pulled down *the* pillar (מַצֵּבַת) of the house. He broke up the pillars of God's house. Thy throne (כִּסְאֲךָ, Gr. p. 23, note 1), O God, *is* for ever! Her pillar is very high. He set up their thrones for these judges. There is no remembrance of (to) former things (m.).

EXERCISE 24.

Gr. pp. 24, 56, *a*, 65, 66.

חָרָשׁ (= *ḥarrash*) craftsman   גָּמָל camel, pl. גְּמַלִּים
חֵרֵשׁ (= *ḥirrish*) deaf   קָטָן small

פָּרָשׁ (= *parrash*) horseman רֶכֶב chariots, coll.
צַוָּאר neck, sing. and pl., constr. צַוַּאר, צַוְּארֵי.

Translate:

He fell upon his neck. He put an iron yoke (עֹל בַּרְזֶל) upon the neck of all the nations. Ye put your feet upon the necks of those kings. The king's horsemen (פָּרָשֵׁי) have taken the camels of the strangers. He gave these stones to the deaf craftsmen (לֶחָרָשִׁים הַחֵרְשִׁים). These little stones *are* precious. That man is a smith (חָרַשׁ בַּרְזֶל). My father! my father! *the* chariots and horsemen of Yisrá'él (Gr. p. 134, *ad fin.*)! He took his cloak which fell from upon him (מֵעַל). *Is* this your youngest (the young) brother? How good and how pleasant *is* the dwelling (שֶׁבֶת) of brothers together (גַּם־יָחַד׃)! Thy wife abode in that city. These are the sons of 'Ădá, wife of 'E'sáw. The days of the years of the life of your fathers were many. Your daughter is very fair. He slew those men with *the* edge (mouth) of *the* sword. Why didst thou say, She *is* my sister? Ye preserved (הַחֲיִתֶם) my father, and my mother, and my brothers, and my sisters. He built for them houses of hewn stone (גָּזִית). These were men of renown (name). Ye deserve death (sons of death *are* ye), because ye watched not over (עַל) your lord(pl. intens.).

EXERCISE 25.

Gr. pp. 72, col. 1.

עָלֶה leaf, foliage נָטוּי outstretched
שָׂדֶה field נָבִיא prophet

עֲנָוָה lowliness	עִקֵּשׁ perverse
הָלַךְ he walked	עִוֵּר blind
אַשְׁרֵי bliss (pl. of state)	אִלֵּם dumb
מֵלִיץ interpreter	גְּזֵלָה plunder (çeré firm)

Translate:

קָבַר אֶת־שָׂרָה אִשְׁתּוֹ אֶל־מְעָרַת שְׂדֵה הַמַּכְפֵּלָה
הַנְּבִאִים מְלִיצֵי הָאֱלֹהִים
עֵינֵיכֶם עִוְרוֹת כֻּלְּכֶם לֹא יְדַעְתֶּם
נָבָל כֶּעָלֶה כֻּלָּנוּ   לֹא יִלְמְדוּ עוֹד מִלְחָמָה
הָלַכְתִּי בִשְׂדֵה אָחִיו   עוֹד יָדוֹ נְטוּיָה
יִפְקֹד יַהְוֶה עַל־כָּל עִקְּשֵׁי לֵב׃
גְּזֵלַת הֶעָנִי בְּבָתֵּיכֶם   זְכֹר לִשְׁמֹר אֶת־כָּל־מִצְוֹתָיו
אַשְׁרֵי הָאִישׁ אֲשֶׁר לֹא הָלַךְ בַּעֲצַת רְשָׁעִים
אַשְׁרֶיךָ יִשְׂרָאֵל מִי כָמוֹךָ   תִּזְכֹּר כִּי־בָשָׂר אֲנָחְנוּ׃
יִשְׁפְּכוּ דָמָם כַּמַּיִם

The leafage of that tree withered not. From the tree I took some of his leafage. All of them *are* dumb dogs. They walked like the blind in the streets. He walked in lowliness of heart. I have put (given) my words in his mouth. He will not shed innocent blood. Wilt thou remember (f.) the words of the wise prophet? *O the* bliss of those who keep (ptcp.) his statutes! Pour out (m.) before him your heart! Hearken thou, my daughter, to (בְּ) my voice! I will remember my covenant which *is* between me and between you. Hearken to me, ye who pursue justice!

EXERCISE 26.

Gr. pp. 72, col. 2, 3, 137, 144, 145.

גָּדֵל to be great, grown up	רָקַב to rot
קָרֵב to draw near	קָצַף to be angry
כָּבֵד to be heavy	שָׁכַב to lie down
יָכֹל able, to prevail over (לְ);	יוּכַל is, *or* will be able
שָׁפֵל to be brought low	יָגֹר to be afraid, מִפְּנֵי of . .
מָתַק to be sweet	אֵין (is, was, *etc.*) not
לָבֵשׁ to be clothed	לִקְרַאת to meet . . . c. suff

Translate:

חַטָּאתָם כָּֽבְדָה מְאֹד

בְּנִי מִצְוֹתַי תִּצְפֹּן אִתָּֽךְ׃

שֵׁם רְשָׁעִים יִרְקָב׃

קָרַבְתִּי אֲלֵיכֶם לַמִּשְׁפָּט

מַיִם גְּנוּבִים יִמְתָּֽקוּ*

עַל־כָּל־הָֽעֵדָה תִּקְצֹף׃

כִּי הִנֵּה רְשָׁעִים דָּֽרְכוּ קַשְׁתָּם

כְּמַשָּׂא כָבֵד יִכְבְּדוּ עֲוֹנוֹתַי מִמֶּֽנִּי׃

וַיִּגְדַּל אָחִיו הַקָּטֹן מִמֶּֽנּוּ׃

בָּנַי הֵם אֲשֶׁר־נָתַן־לִי אֱלֹהִים בָּזֶה

וְעֵינֵי יִשְׂרָאֵל כָּֽבְדוּ מִזֹּקֶן

לָרָשׁ אֵין־כֹּל כִּי אִם־כִּבְשָׂה אַחַת קְטַנָּה וַתִּגְדַּל עִמּוֹ

וְעִם־בָּנָיו יַחְדָּו

וְעָלֶיהָ כְּתֹנֶת פַּסִּים כִּי כֵן תִּלְבַּשְׁנָה† בְנוֹת־הַמֶּלֶךְ

סְפֹר הַכּוֹכָבִים אִם־תּוּכַל לִסְפֹּר אוֹתָם

רָאָה אֶת־הַמָּקוֹם אֲשֶׁר שָׁכַב־שָׁם שָׁאוּל

* Gr. p. 141 (*c*). † Gr. p. 141 (*a*).

The city shall be brought low. They prevailed not over me. Canst thou count the stars of heaven? I cannot count them. After whom *art* thou pursuing? Thou *art* more just than I. He will draw near to meet thee (m.). The eyes of lofty ones (גְּבֹהִים) shall be brought low. Thou wast afraid of them. And the woman said, *Art* thou Yó'áb? and he said, I *am*. *That* which I feared came to me. And the battle was heavy unto Shá'úl. The land was not able to bear (לָשֵׂאת) them. On me, my lord the king, *be* the guilt, and the king and his throne *be* innocent! And lo, Shá'úl *was* lying asleep in his tent, and the people lying (pl.) around (סְבִיבוֹת) him. I was afraid of the wrath (אַף) *with* which Yahwè was angry against (עֲלֵי) you. I cannot (impf.) bear all this people, for *it is* too heavy for me (heavy from me).

EXERCISE 27.

Gr. p. 72, col. 4.

נִכְבַּד he is great, powerful נִלְחַם he fought

נִשְׁמַר he was wary, guarded self against; c. מִן־

נִמְלַט he escaped נִכְרַת he is cut off.

נִשְׁבַּע he sware נִפְרַד he was parted, separated

Parse:

אֶכָּבֵד — הִמָּלֵט — נִקְבְּצוּ — הִקָּבְצוּ — וַיִּשָּׁבְעוּ —
תִּשָּׁמְרִי — נִכְבָּדוֹת — וַתִּשָּׁמֵר — יִפָּרֵדוּן׃

Translate:

וְנַפְשׁוֹ נִקְשְׁרָה בְנֶפֶשׁ דָּוִד
הִנֵּה־נָא אִישׁ־אֱלֹהִים בָּעִיר הַזֹּאת וְהָאִישׁ נִכְבָּד
לֹא יִכָּרֵת כָּל־בָּשָׂר עוֹד מִמֵּי הַמַּבּוּל
לֹא־נִשְׁמַר בַּחֶרֶב אֲשֶׁר בְּיַד יוֹאָב
הִשָּׁבְעָה לִי בֵּאלֹהִים   וְלֹא תִנָּגְפוּ לִפְנֵי אֹיְבֵיכֶם
נִלְחַמְתִּי בְרַבָּה גַּם־לָכַדְתִּי אֶת־עִיר הַמָּיִם׃
הָלַךְ רַבָּתָה וַיִּלָּחֶם בָּהּ
וַיִּנָּגְפוּ־שָׁם עַם־יִשְׂרָאֵל לִפְנֵי עַבְדֵי דָוִד
וַיִּקָּבְצוּ אֶת־מַחֲנֵיהֶם לְהִלָּחֵם בְּיִשְׂרָאֵל׃
וַיִּמָּלֵט בֵּן אֶחָד לָאִישׁ
הֵאָסֹף יֵאָסֵף כָּל־יִשְׂרָאֵל כַּחוֹל אֲשֶׁר־עַל־הַיָּם לָרֹב

Beware, for thine own sake (לְךָ)! They have not been cut off. Ye shall beware for your lives! How (אֵיךְ) shall we escape? These escaped from his hand. From the camp of Yisrá'él have I escaped! Before the face (עַל־פְּנֵי) of all the people I will be honoured. That soul has been cut off from its people. He was buried in his father's grave. Pleasant *were* they in their life, and in their death they were not parted (pausal çeré). Thou shalt beware of every evil thing (דָּבָר). And Absalom (אַבְשָׁלוֹם) ben-David had a fair sister (to Absalom *was* a fair sister), and her name *was* Támár. I cannot escape from them. Escape (f.) for (עַל) thy life! And the Pᵉlishtim gathered (nif. imperf.), and Shá'úl gathered (qal imperf.) all Yisrá'él. Thou canst not fight with (עִם) him, for thou *art* a boy, and he *has been* a man of war from his youth. He took their king's coronet from off his head; and its weight *was* a talent of gold.

EXERCISE 28.

Pi'el and Hithpa'el.

Gr. p. 73; Perfect and Impf. with Waw conversive, pp. 144-149.

גִּנֵּב he stole; deceived	בִּקֵּשׁ he sought
שִׁלֵּם he fulfilled (a vow)	קִדֵּשׁ he sanctified
קִלֵּל he cursed	שִׁכֵּל he bereaved

רִגֵּל בְּ he slandered, acted as spy

כִּפֶּר עַל he atoned for, pu. was forgiven

Translate:

תְּכַפְּרִי

מְקַלְלִים

וְקִדַּשְׁתֶּם אֶת־יוֹם הַשַּׁבָּת

בַּקְּשׁוּ־לִי אֵשֶׁת בַּעֲלַת־אוֹב

שִׁלְּמָה

כִּפֶּר עֲלֵיהֶם הַכֹּהֵן לִפְנֵי יַהְוֶה׃

אֲבַשְּׂרָה אֶת־הַמֶּלֶךְ

וַיִּתְחַפֵּשׂ וַיִּלְבַּשׁ בְּגָדִים אֲחֵרִים

כִּי־גֻנֹּב גֻּנַּבְתִּי מֵאֶרֶץ הָעִבְרִים

תְּדַבֶּר־נָא שִׁפְחָתְךָ אֶל־אֲדֹנִי הַמֶּלֶךְ דָּבָר וַיֹּאמֶר דַּבֵּרִי׃

וַיְסַקֵּל בָּאֲבָנִים אֶת־דָּוִד וְאֶת־כָּל־עֲבָדָיו

לָמָּה יְקַלֵּל הַכֶּלֶב הַמֵּת הַזֶּה אֶת־אֲדֹנִי הַמֶּלֶךְ

ELEMENTARY EXERCISES. 31

הֲלֹא דָוִד מִסְתַּתֵּר בַּגִּבְעָה
אָמַר הַנָּבִיא הִתְקַדְּשׁוּ וַיְקַדֵּשׁ אֶת־בָּנָיו
וְקִדַּשְׁתִּי אֶת־שְׁמִי הַגָּדוֹל הַמְחֻלָּל בַּגּוֹיִם אֲשֶׁר חִלַּלְתֶּם בְּתוֹכָם
שָׁלַח מַלְאָכִים אֲחֵרִים וַיִּתְנַבְּאוּ גַּם־הֵמָּה׃
כַּאֲשֶׁר שִׁכְּלָה נָשִׁים חַרְבֶּךָ כֵּן־תִּשְׁכַּל מִנָּשִׁים אִמֶּךָ

This day thou (m.) shalt not tell good news. I will make atonement for them. Thy sin shall be expiated (pu. of כפר). This guilt (עָוֹן) shall not be forgiven you (לְ). And he stole the heart of the men of Yisrá'él. I will pay my vow which I vowed to Yahwè. Gather together (nif.), ye sons of Ya'ăqób! The woman said, Let my lord the king speak! *Is the* hand of Yó'áb with (אֵת) thee in all this? Fulfil (f.) thy vows! He abode there two years *in* days, and the king's face he saw not. And thus said he in his cursing. Make thou atonement for us! Unto thee shall be paid the vow! And he slandered thy servant to my lord the king. Tell ye (m.) not glad tidings in the streets (חוּצוֹת) of 'Ashqᵉlon! I Yahwè *am* sanctifying (pi. ptcp.) Yisrá'él. And I will take you from the nations, and gather (pi. of קבץ) you from all the lands. What can we say (impf.) to my lord, what can we speak, and how (מָה) can we clear ourselves (צדק, hith. impf.; see Gr. p. 27, 2)? God hath found the guilt of thy servants. And I guarded myself (שָׁמַר, hith.) from my sin (עָוֹן).

EXERCISE 29.

Hif'il and Hof'al.

הִשְׁלִים he finished, executed; made peace with (אֶת)
הִשְׁלִיךְ he threw (hof. pass.)
הִסְגִּיר he delivered up; בְּיַד into power of
הִשְׁפִּיל he brought low, humbled
הִשְׁכִּים he rose early — הִכְרִית he cut off
הִשְׁחִית he destroyed — גֵּו back

Parse:

תַּשְׁלִיךְ — תָּשְׁלְכִי — יָשְׁלְכוּ — מַשְׁפִּיל — הַשְׁפִּילִי — וַיַּשְׁלֵם

Translate:

הַשְׁכֵּם בַּבֹּקֶר — וַיַּלְבֵּשׁ אוֹתוֹ שִׁרְיוֹן
הִגְדִּיל* יַהְוֶה לַעֲשׂוֹת עִמָּנוּ
הִשְׁלַכְתָּ אַחֲרֵי גֵוְךָ כָּל־חֲטָאָי׃
הִנֵּה רֹאשׁוֹ מֻשְׁלָךְ† אֵלֶיךָ בְּעַד הַחוֹמָה׃
וַיִּכְרְתוּ אֶת־רֹאשׁוֹ וַיַּשְׁלִיכוּ אֶל־יוֹאָב
וַיַּשְׁכִּימוּ בַבֹּקֶר וְהִנֵּה כֻלָּם פְּגָרִים מֵתִים׃
וַיִּנָּחֶם אֱלֹהִים אֶל־הָרָעָה וַיֹּאמֶר לַמַּלְאָךְ הַמַּשְׁחִית‡ בָּעָם רָב׃
הִדְבִּיקוּ אֶת־אֹיְבֵיהֶם
הִשָּׁבְעָה לִי בֵאלֹהִים אִם־תַּסְגִּירֵנִי§ בְּיַד אֲדוֹנִי
רָאָה אֶת־הַנְּבֵלָה מֻשְׁלֶכֶת בַּדֶּרֶךְ

* See Gr. p. 154, complementary verbs. † Gr. p. 150 (*c*).

‡ Gr. p. 149 (*a*). § Gr. p. 158, NB. (2).

He threw stones upon them. Did not a woman throw a stone upon him from (מֵעַל) the wall? Thou shalt not destroy him (אַל, with jussive). O swear (precative) to me that thou wilt not cut off my seed after me! Will they deliver me and my men into the hand of my foe? The pride of the wicked he will humble. And they made peace with Yisrá'él. And all my will (חֵפֶץ) he will execute. I will not destroy that city. Throw down thy rod before Par'ó(h). Thou shalt be cast out of thy grave. In his heart *is* to cut off (לְ, with infin. constr.) nations not a few (מְעָט׃)! And God said, Be there (יְהִי) an expanse (רָקִיעַ) in the midst of the waters, and let it divide (בדל, hif. jussive with וִ) between waters and (to) waters (לָ, pretonic). The expanse divides (hif. ptcp.) between the waters which *are* below (מִתַּחַת לְ) the heavens, and the waters which *are* above (מֵעַל לְ) the heavens.

EXERCISE 30.

Verb with Suffixes.

Gr. pp. 78, 79.

קִבֵּץ he gathered, collected
דָּקַר he pierced, thrust through
גָּמַל he did to another (good or evil), c. dupl. acc.
זָקֵן to be old
שָׁלַף he drew (a sword)
פָּקַד he visited, looked after

Translate:

יְכַבְּדוּךָ   יַהְוֶה יִשְׁמָרְךָ מִכָּל־רָע

וַיִּדְקְרֻהוּ נַעֲרוֹ   זְכָרֵנִי וּפָקְדֵנִי

יְשַׁלֶּמְךָ טוֹבָה   כַּבְּדֵנִי נֶגֶד זִקְנֵי עַמִּי

מְכַבְּדַי אֲכַבֵּד

אַתָּה גְּמַלְתַּנִי הַטּוֹבָה וַאֲנִי גְּמַלְתִּיךָ הָרָעָה:

סִגַּרְנִי בְּיָדְךָ וְלֹא הֲרַגְתָּנִי: שְׁלֹף חַרְבְּךָ וְדָקְרֵנִי בָהּ

לָקַח אֶת־חַרְבּוֹ וַיִּשְׁלְפָהּ   אֲנִי יַהְוֶה מְקַדִּשְׁכֶם

יוֹם פָּקְדִי אֶת־חַטְּאוֹתֶיךָ קָרֵב   מִכָּל־הָאֲרָצוֹת אֲקַבֶּצְךָ

זָכוֹר* אֶת־יוֹם הַשַּׁבָּת לְקַדְּשׁוֹ

מָה־אֱנוֹשׁ כִּי־תִזְכְּרֶנּוּ וּבֶן־אָדָם כִּי־תִפְקְדֶנּוּ:

* Gr. p. 151, l. 6.

He did us good. Ye did him harm. Judge me, O Yahwè, according to my righteousness (צֶדֶק). Thou (f.) shalt not destroy it. She has done him good (m.) and not evil (m.) Thy (f.) judges take bribes (שֹׁחַד) from *the* wicked against *the* innocent. They thrust him through. I have consecrated (hif. קדשׁ) thee. Gather thou us from the nations. They repay me (impf.) evil (f.) for (תַּחַת) good (f.). I will honour (pi. כבד) thee greatly. Thou makest him rule (hif. impf.) over the works of thy hands. And he sought him all the days, and God gave him not (pf.) into his hand. Lo I (הִנְנִי) *am* about to gather them (pi. ptcp.) from all the lands. Behold thou art old, and thy sons do not walk (pf.) in thy ways; now appoint a king (hif. of מָלַךְ) over (לְ) us, to judge us like the nations.

EXERCISE 31.

The Pe Guttural Verb.

Gr. pp. 82, 83; see also pp. 4, 24.

חָשַׁב to devise	חָפֵץ to crave, love
חָדֵל to cease	חָסֵר to need, lack
עָזַב to leave, forsake	הָרַג to kill
עָמַד to stand	הָפַךְ to turn, change
עָבַד to work, till	

אָמַן to prop; hif. to believe, c. לְ, to trust in, c. בְּ.

Parse:

יַחְשֹׁב — עֲזַבְתֶּן — יַהֲרֹג — אֶחְסַר — נֶעֱבַד — יֶחְדָּלוּן — מַעֲמִיד

Translate:

עֲזָבַנִי כֹּחִי	לָמָה עֲזַבְתָּנִי
נָתַן חֶרֶב בְּיָדָם לְהָרְגֵנוּ	הָפַכְתָּ מִסְפְּדִי לְמָחוֹל לִי
הִרְגוּ אִישׁ* אֲנָשָׁיו	לֹא־יַחְשֹׁב לוֹ עָוֹן
בְּרֹב דְּבָרִים לֹא יֶחְדַּל־פָּשַׁע	וַיַּהֲפֹךְ לְדָם יְאֹרֵיהֶם

אָז תַּחְפֹּץ זִבְחֵי־צֶדֶק

דֹּרְשֵׁי יַהְוֶה לֹא־יַחְסְרוּ כָל־טוֹב :

חֲדַל מִמֶּנּוּ וְנַעַבְדָה† אֶת־מִצְרָיִם

וַיַּחְדְּלוּ הַקֹּלוֹת וְהַבָּרָד

יֵעָזְבוּ לְעֵיט הָרִים וּלְבֶהֱמַת הָאָרֶץ

נֶהְפַּךְ לְאֵבֶל מְחוֹלֵנוּ

* Gr. p. 50, *ad init.*

† Gr. p. 144 (3).

וְאַתֶּם חֲשַׁבְתֶּם עָלַי רָעָה וֵאלֹהִים חֲשָׁבָהּ לְטוֹבָה
הֶאֱמִין אַבְרָם בַּיהוָה וַתֵּחָשֶׁב־לוֹ צְדָקָה
טוֹבָה הַחָכְמָה אַל־תַּעַזְבֶהָ

Thou didst not forsake them (pf.) in the desert. Ye have not forsaken your brethren. Thou wilt not leave my soul to Sh^e'ól. Thou lovest (imperf.) not sacrifice. And she ceased to speak unto her. I will not forsake my people! He will kill with the hail their vine! And he stood between the dead and (between) the living. His sons will forsake my law. Why (מַדּוּעַ) is the house of God forsaken (nif. pf.)? Let me alone (cease from me) for my days *are* a breath (הֶבֶל). The land shall be forsaken (nif. impf.). Ye shall devise evil in your heart against each other (Gr. p. 50, *ad init.*). All the waters were turned into (לְ) blood. Who is able to stand before Yahwè? And he made him stand before Par'ó. Ye have not trusted in me, to hallow me (hif. inf. קדשׁ, c. לְ prefixed) in (לְ) the eyes of Yisrá'él. Cease ye (ethic dat.) from man, in whose nostril *is* a breath, for wherein (בַּמֶּה) *is* he worth heeding (nif. ptcp. חָשַׁב. The nif. ptcp. often = Lat. gerundive, e.g., נִכְבָּד laudandus)?

EXERCISE 32.

The Pe 'Alef (פ״א) Verb.

Gr. p. 84.

אָכַל to eat	אָבַד to be lost, perish
אָמַר to say	אָהַב to love; see Gr. p. 108.

Translate:

מָה אֹמַר אֲלֵיהֶם　　　　וְאֹמַר לָהֶם לְמִי זָהָב

אֱמֹר אֶל־כָּל־הָעָם לֵאמֹר

לֹא תֹאמְרוּ דָבָר עַד־יוֹם אָמְרִי אֲלֵיכֶם אִמְרוּ וַאֲמַרְתֶּם׃*

מִכֹּל עֵץ־הַגָּן אָכוֹל תֹּאכֵל׃

מֵעֵץ הַדַּעַת טוֹב וָרָע לֹא תֹאכַל מִמֶּנּוּ

וַיֹּאמֶר הַנָּחָשׁ אֶל־הָאִשָּׁה אַף כִּי־אָמַר אֱלֹהִים לֹא תֹאכְלוּ
מִכֹּל עֵץ הַגָּן׃

וַתֹּאמֶר הָאִשָּׁה אֶל־הַנָּחָשׁ מִפְּרִי עֵץ־הַגָּן נֹאכֵל׃

לָקְחָה הָאִשָּׁה מִפִּרְיוֹ וַתֹּאכַל

וַיֹּאמֶר הָאָדָם הָאִשָּׁה אֲשֶׁר נָתַתָּה עִמָּדִי הִוא נָתְנָה־לִּי
מִן־הָעֵץ וָאֹכֵל׃

יֵאָמֵר לָהֶם לֹא־עַמִּי

אֲרוּרָה הָאֲדָמָה בַּעֲבוּרֶךָ בְּעִצָּבוֹן תֹּאכֲלֶנָּה כֹּל־יְמֵי חַיֶּיךָ׃

עַל־כֵּן יֵאָמַר† כְּנִמְרֹד גִּבּוֹר צַיִד לִפְנֵי יְהוָה

* Gr. p. 148, 4.　　　† Gr. p. 141 (*c*).

Ye spake unto me,* saying, What *is* his name? They shall perish (pausal form with çeré), but (ו) thou shalt abide (stand)! Ye will say, What shall we eat? Say (f.) now (נָא), Thou *art* my sister. But (ו) from *the* fruit of the tree which *is* in *the* middle of the garden, said God, Ye shall not eat from it! The woman gave also (גַּם) to her husband with her (עִם), and he ate. Dust shalt thou eat all *the* days of thy life

* Gr. p. 152 (*c*).

(חַיִּים)! And the women said (impf. with ו conv.), True (צַדִּיק), O king! * Saith *the* fool (נָבָל) in his heart, There is no (אֵין־) God. Trees ye have planted (נָטַע), but ye shall not eat of (מִן) their fruit! And I loved (אָהֵב, impf. c. ו conv.) Yisra'él more than (מִן) all peoples of the earth. In *the* day of your eating (see Gr. p. 84, פ״א, *ad init.*) from it, I will punish you! *The* way of *the* wicked is lost (freq. impf. 3 sing. Gr. p. 141, B (*c*), f. çeré in last syll.)!

* Gr. p. 140, *ad init.*

EXERCISE 33.

Verbs 'Ayin Guttural.

Gr. p. 85.

גָּאַל to redeem, ransom　　נַחֲלָה possession, heritage
בֵּרֵךְ to bless (pu. pass.)　　שִׁחֵת to destroy
נִשְׁעַן to lean, עַל upon . . , to rest

Parse:

נִשְׁאֲלָה — יִשְׁאָלוּנִי — תִּשָּׁעֲנִי — תְּמָאֲנוּ — מְגֹאָל

Translate:

אִם־תִּגְאַל גְּאָל׃　　קָרְבָה* אֶל־נַפְשִׁי גְּאָלָהּ

* O draw near! Gr. p. 70, 8.

ELEMENTARY EXERCISES. 39

לָמָּה אַתְּ שֹׁאֶלֶת זֹאת   אֵת אֲשֶׁר־תְּבָרֵךְ מְבֹרָךְ
עַל־כֵּן בֵּרַךְ אֶת־יוֹם הַשַּׁבָּת וַיְקַדְּשֵׁהוּ׃
הִנֵּה הַמֶּלֶךְ אֲשֶׁר שְׁאֶלְתֶּם   אֲבָרֶכְךָ וַאֲגַדְּלָה שְׁמֶךָ
בַּרֶכְךָ אֱלֹהֶיךָ בָּאָרֶץ   גְּאָלוֹ מִיַּד חָזָק מִמֶּנּוּ
אִישׁ הָאֱלֹהִים בָּא אֵלַי וְלֹא שְׁאֶלְתִּיהוּ אֵי־מִזֶּה הוּא
כִּי גֹּאֲלָם חָזָק
יִקָּרֵא לָהֶם עַם־הַקֹּדֶשׁ גְּאוּלֵי יַהְוֶה
אִם־מָכַר אֶת־הַשָּׂדֶה לְאִישׁ אַחֵר לֹא־יִגָּאֵל עוֹד׃
נְתַתֶּם עַל־מִזְבְּחִי לֶחֶם מְגֹאָל וַאֲמַרְתֶּם בַּמֶּה גֵאַלְנוּךָ
נִשְׁעַן הַמֶּלֶךְ עַל־חֲנִיתוֹ   בָּרֲכֵנִי גַם־אָנִי
בְּהִשָּׁעֶנְךָ עַל־יַהְוֶה נְתָנָם בְּיָדֶךָ׃

May God bless us (impf. c. suff.)! House of Yisrá'él, bless ye Yahwè! Ask thou of me, and I will give thee the nations for thy heritage! From death will I redeem them. And I, I know my Avenger (גֹּאֵל) liveth! He hath blest thy (f.) sons in thy midst (*qirb*)! Above women in the tent shall she be blest (pu. impf.)! I will bless those who bless thee (ptcp. with suff.)! Have ye not asked whence yonder (Gr. p. 43, *b*) man has come? Rest yourselves under (תַּחַת) the trees. When they leaned upon thee (in their leaning, inf. c. suff.) thou begannest to break in pieces (שׁבר, impf. nif.). All *the* nations of the earth shall bless themselves (hithpa.) in thee! Upon (אֶל־) thine own understanding thou shalt not lean. A woman asked of her neighbour

(מִשְׁכַּנְתָּהּ) ornaments (כְּלֵי) of silver and ornaments of gold. Ask (sing. f.) for him the kingdom, for he *is* my elder brother (Gr. p. 137 (1) (2).

EXERCISE 34.

Verbs Lamedh Guttural.

Gr. pp. 86-88, 4, 24.

שָׁלַח to send	בָּקַע to cleave
שָׁמַע to hear	פָּתַח to open
עוֹדֶנִּי still *am* I . . .	שָׂבֵעַ to be satisfied
הִנְנִי lo, I! = here am I	מָשַׁח to anoint
פָּקַח to open	שָׁכַח to forget

Translate:

וְעַתָּה שְׁמַע לְקוֹל דְּבָרָיו   שִׁלְחָה הַנַּעַר אִתִּי

שָׁכַחַתְּ אֱלֹהֵי יִשְׁעֵךְ

יְהֹוָה שְׁלָחַנִי לִמְשָׁחֲךָ לְמֶלֶךְ עַל־עַמּוֹ

אֲנִי שֹׁלֵחַךְ אֶל־עַמִּי   נִשְׂבְּעָה בְּטוּב בֵּיתֶךָ

עוֹדֶנִּי הַיּוֹם חָזָק כַּאֲשֶׁר בְּיוֹם שְׁלֹחַ אוֹתִי מֹשֶׁה

שַׁלַּח הָעָם לְאָהֳלֵיהֶם   שֶׁן־בְּהֵמֹת אֲשַׁלַּח־בָּם׃

וָאֶשְׁמַע אֶת־קוֹל אֲדֹנָי אֹמֵר אֶת־מִי אֶשְׁלַח וָאֹמַר הִנְנִי
שְׁלָחֵנִי׃

מִצּוּר דְּבַשׁ אַשְׂבִּיעֶךָ׃

בַּיּוֹם הַזֶּה נִבְקְעוּ מַעְיְנוֹת תְּהוֹם רַבָּה וַאֲרֻבֹּת הַשָּׁמַיִם
נִפְתָּחוּ׃

כָּעֵת מָחָר אֶשְׁלַח אֵלֶיךָ אִישׁ וּמְשַׁחְתּוֹ* לְנָגִיד עַל־עַמִּי
וַיַּצְמַח יְהוָה מִן־הָאֲדָמָה כָּל־עֵץ נֶחְמָד לְמַרְאֶה.

* Gr. p. 147, 1 (*a*).

Then (אָז) shall *the* eyes of *the* blind be opened (פקח, nif. impf.). Thou (f.) didst eat, and wast not satisfied. They shall eat, and be satisfied (pf. c. וְ, and çeré in pause). Thou shalt eat, and not be satisfied. Thou hast forgotten (f.) *the* covenant of thy God. Send ye one of your number (from you one). Pray send one of thy brethren. God will send me before you. He is not going to dismiss thee (אֵין, with suff. and pi. ptcp.). And I said unto thee, Let my son go (pi. imp.) that he may serve me (וְ, c. impf. and suff.); and thou refusedst (מאן, pi. impf. c. waw conv.) to let him go (לְ, c. inf. pi. and suff. וֹ). Lo, I am about to send (hif. ptcp.) a famine in the land. And the earth opened (qal impf. c. וַ·) her mouth, and swallowed them and their families (בָּתִּים). If I forget thee (impf. c. f. suff.), Yᵉrúshálàim, let my right hand forget (impf. 3 f.).

EXERCISE 35.

Verb Pe Nun (פ״ן).

Gr. p. 89; see also p. 27.

נָתַן to put, give
נָגַשׁ to approach
נָצַר to keep, guard
נָפַל to fall

נגד (in hif.) to declare   נָשַׁק to kiss
נצל (in nif.) to escape; hif. to deliver.

Translate:

אִנָּצְלָה   אֶצְּרָה
לְהַגִּיד   הַגִּידָה־לִּי
הַגֵּשׁ   מַפִּיל
גְּשָׁה־נָּא בְּנִי   וַתִּגַּשְׁנָה הַשְּׁפָחוֹת
יִרְאוּ בְנֵי יִשְׂרָאֵל מִגֶּשֶׁת אֵלָיו
וַיִּפֹּל עַל־צַוָּארָיו וַיִּשָּׁקֵהוּ
נִגַּשׁ הָעָם הַזֶּה בְּפִיו וּבִשְׂפָתָיו כִּבְּדוּנִי
הֵמָּה לְבַדָּם יִנָּצֵלוּ׃   הִצַּלְתָּ נַפְשִׁי מִמָּוֶת
וַיִּקַּח הָעָם מֵהַשָּׁלָל   הַהִצִּילוּ אוֹתָם אֱלֹהֵי הַגּוֹיִם
מִתְהַלֵּךְ אֱלֹהֶיךָ בְּקֶרֶב מַחֲנֶךָ לְהַצִּילְךָ וְלָתֵת אֹיְבֶיךָ לְפָנֶיךָ
בְּנֹתֵיכֶם תִּתְּנוּ לָנוּ וְאֶת־בְּנֹתֵינוּ תִּקְחוּ לָכֶם׃
יֻקַּח־נָא מְעַט מַיִם וְרַחֲצוּ רַגְלֵיכֶם וְהִשָּׁעֲנוּ תַּחַת הָעֵץ׃
וְאֶקְחָה* פַּת־לֶחֶם וְסַעֲדוּ לִבְּכֶם אַחַר תַּעֲבֹרוּ
וַיַּגֵּשׁ אֶת־בָּנָיו אֶל־יִשְׂרָאֵל וַיִּשַּׁק לָהֶם
וַיֹּאמֶר בַּת־מִי אַתְּ הַגִּידִי נָא לִי

* Gr. p. 143 (2).

We cannot escape (nif. inf. constr. c. לְ, of נצל) from *the* face of *the* king of 'Asshúr. He cannot deliver you from my hand. Thou shalt not give up (סגר, hif.) a slave to his lord, that escapeth (nif. impf. נצל) unto thee from (מֵעִם) his lord. He will deliver you from *the* hand of your foes. I will give as (*ka'ashèr*) ye may bid me (say to me, impf.); so (and) give ye me (לִ) the damsel (נַעַר) for wife. Iron is taken (hof. impf.) out of earth. Their daughters we will take to us for wives. And next (אַחַר) Yóséf drew near (pf. nif.). And it was told (impf. pu.) to Lábán on the third day that Ya'ăqób had fled (pf. qal ברח). Tell us, pray (־נָא), how (אֵיךְ) thou wrotest all these words from his mouth. He sent me to tell thee all these things. From dread of *the* foe thou wilt keep my life.

EXERCISE 36.

Verbs Pe Waw and Pe Yodh (פ״ו, פ״י).

Gr. pp. 90-92;

also pp. 6 note 1, 7 *ad init.*, 25, 26, Weak Letters.

יָשַׁב to sit, dwell — יָנַק to suck

יָרַשׁ to seize, occupy; hif. dispossess, expel

יָלַד to bear, beget — יָצַר to fashion (as a potter)

הָלַךְ to walk, go — יָבֵשׁ to be dry

יָדַע to know — יָרַד to go down

ישׁע (in hif.) to save, rescue

Translate:

לֵכְנָה	תֵּלַכְנָה
הֵינִקְהוּ	הֵילִיכִי

יוֹלִיכֶם　　　דַּעַת

יָדֻעַ　　　וִירִשְׁתֶּם

לֶךְ־נָא אֶל־הַצֹּאן וְקַח־לִי מִשָּׁם שְׁנֵי גְּדָיֵי עִזִּים

לֹא תֵדַע מַה־יֵּלֶד יוֹם

תִּשְׁמֹר מִצְוֹת אֱלֹהֶיךָ לָלֶכֶת בִּדְרָכָיו

תְּדַבֵּר־בָּם בְּשִׁבְתְּךָ בְּבֵיתֶךָ וּבְלֶכְתְּךָ בַדֶּרֶךְ

וְיָנַקְתְּ חֲלֵב גּוֹיִם וְשֹׁד מְלָכִים תִּינָקִי וְיָדַעַתְּ כִּי אֲנִי מוֹשִׁיעֵךְ

אוֹדִיעָה דְּבָרַי אֶתְכֶם　　　אֵלֶּה אַנְשֵׁי אֳנִיּוֹת יוֹדְעֵי הַיָּם

הִרְחַקְתָּ מְיֻדָּעַי מִמֶּנִּי　　　הֲתוֹרִדֵנִי אֶל־הַגְּדוּד הַזֶּה

וַתֹּאמֶר אֲחֹתוֹ אֶל־בַּת־פַּרְעֹה הַאֵלֵךְ וְקָרָאתִי* לָךְ אִשָּׁה מֵינֶקֶת וְתֵינִק† לָךְ אֶת־הַיָּלֶד׃

וַתֹּאמֶר לָהּ לֵכִי וַתֵּלֶךְ הָעַלְמָה

הֲיִוָּדַע‡ בַּחֹשֶׁךְ פִּלְאֶךָ

וַיִּיצֶר אֶת־הָאָדָם עָפָר מִן־הָאֲדָמָה

עַד־מָתַי תֶּאֱבַל הָאָרֶץ וְעֵשֶׂב כָּל־הַשָּׂדֶה יִיבָשׁ׃

* Gr. p. 147, 1 (*a*).　　† Gr. p. 144 (3).

‡ Gr. p. 141 (*c*).

And they (f.) bare sons and daughters. And he begat (hif.) a son. I was not known (nif. pf.) to them. Lo, thy wife; take *her* and go (וָ pretonic)! This *man* was born (pf. pu.) there. Save me, O God! Teach me thy statutes! House of Ya'ăqób, come ye (לְכוּ) that we may walk (impf. in ־ָה, with וְ) in *the* light of Yahwè! Wilt thou go with me to the battle? Prolong thy kindness to those who regard (ידע) thee, and thy guerdon (צִדְקָה) to *the* upright of heart! And from all his troubles (צָרוֹת) he saved him. Yóséf was taken down (ירד, hof. pf.) into Egypt (מִצְרָיְמָה). This *is* the land which thy God is about to give (ptcp.) to thee, to occupy it (לְרִשְׁתָּהּ). And he gave them the land which he had sworn to give them, and they occupied it, and dwelt in it. They were unable to expel all the nations.

EXERCISE 37.

Verbs Ayin Waw and Ayin Yodh (ע״ו, ע״י).

Gr. pp. 93-97.

סוּר to depart	שִׁית to set, put
שׁוּב to go back, return	נוּס to flee
מוּת to die	קוּם to arise
רוּם to be exalted, lifted up	
שִׂים to set, put	מוּט (nif.) to totter
סוּג (nif.) to retire, fall back	

Parse:

קָמָה — קָמָה — הֵמַתָּה — יִסֹּגוּ — יָרֵם —
נִיָּרֶם — שָׂבֶיהָ — מְרוֹמְמִי — תְּשִׂימוּנִי — יוּסַר —
הֲשִׁיבֵנִי

Translate:

קוּמָה יְהוָה וְהוֹשִׁיעֵנִי
לֹא רָמוּ עֵינַי׃

מוֹת יוּמַת הָאִישׁ הַהוּא
סוּר לְךָ מֵאַחֲרָי וַיְמָאֵן לָסוּר׃

וַיּוֹסֶף עוֹד לֵאמֹר   הֲמִתֶּם אֶת־עַם יַהְוֶה

לֹא תֹאכַל מִמֶּנּוּ כִּי בְּיוֹם אֲכָלְךָ מִמֶּנּוּ מוֹת תָּמוּת׃

וַיָּסַר אֵת אוֹפַן מַרְכְּבֹתָיו וַיֹּאמֶר מִצְרַיִם אָנוּסָה* מִפְּנֵי יִשְׂרָאֵל

וַיִּטַּע יַהְוֶה אֱלֹהִים גַּן בְּעֵדֶן מִקֶּדֶם וַיָּשֶׂם שָׁם אֶת־הָאָדָם אֲשֶׁר יָצָר׃

וַיָּקָם קַיִן אֶל־הֶבֶל אָחִיו וַיַּהַרְגֵהוּ׃

וְעַתָּה מֵת הַיֶּלֶד הָאוֹכַל לַהֲשִׁיבוֹ עוֹד אֲנִי הוֹלֵךְ† אֵלָיו וְהוּא לֹא־יָשׁוּב אֵלָי׃

יַהְוֶה אֱלֹהַי אַתָּה אֲרוֹמִמְךָ כִּי שַׂמְתָּ מֵעִיר לַגָּל

אֶת־מִי חֵרַפְתָּ וְגִדַּפְתָּ‡ וְעַל־מִי הֲרִימוֹתָ קּוֹל

וּכְעֵת מוּתָהּ וַתְּדַבֵּרְנָה הַנִּצָּבוֹת עָלֶיהָ אַל־תִּירְאִי כִּי־בֵן יָלָדְתְּ וְלֹא־שָׁתָה לִבָּהּ

* Gr. p. 143, 2. † Gr. p. 150 (*c*).

‡ Gr. p. 149, note 2.

He hath said in his heart, I shall not totter (nif impf.). He was not able to kill me (hif. inf. c. לְ). My money is restored (hof. שׁוּב). And thou (f.), arise, go to thy house! Backward (אָחוֹר) I have not fallen (nif. סוּג). Thou makest him rule over (בְּ) *the* works of thy hands; all thou hast put (שַׁתָּ) under his feet. Lofty eyes thou wilt humble (hif. שׁפל). Know ye that I *am* God; I will be exalted among the nations, I will be exalted in the earth (qal impf.)! Above (מִן) my assailants (ptcp. of קוּם) thou wilt raise me (pil. רוּם).

Ye shall not make me a judge (hif. שִׂים). Depart from me, all doers (פּעל, ptcp.) of wickedness (אָוֶן). Thou *art* my God, I will extol thee (paus. ךָ). And thy heart will be lifted up (pf. qal c. וְ), and thou wilt forget thy God, who brought thee forth (מוֹצִיא) from *the* house of slaves, who guided thee (הלך, hif. ptcp. with art. and suff.) in the great desert. And Yahwè made the sea depart (hif. impf. הלך) by a strong east wind all the night; and he made (שִׂים, hif. impf.) the sea into (לְ) dry land; and the waters divided (בקע, nif. impf.). This (f.) *is the* sign of the covenant which I have ratified (קוּם, hif. pf.) between me and (between) all flesh which *is* upon the earth. Let him go and return (qal juss.) to his house, lest he be killed (die) in the war.

EXERCISE 38.

Verbs Double ʿAyin (ע״ע).

Gr. pp. 98-101.

סָבַב	to go round	שָׁלַל	to spoil
שָׁמֵם	to be wasted	בָּזַז	to plunder
תָּמַם	to finish, intr. to end	שֶׁלֶג	snow
זָכַךְ	to be pure	גָּלַל	to roll

Parse:

וַיָּבֹזּוּ — יָשֹׁל — אָשֹׁם — נְשַׁמָּה — נְשַׁמָּה — אֶשְׁתּוֹמֵם — מְגוֹלָלָה —

Translate:

סַבּוּנִי גַם־סְבָבוּנִי כִּי בְּשֵׁם יַהְוֶה אוּכַל לָהֶם׃

הִבּוֹק תִּבּוֹק הָאָרֶץ וְהִבּוֹז תִּבּוֹז

בְּגוֹי חָנֵף אֲשַׁלְּחֶנּוּ לִשְׁלֹל שָׁלָל וְלָבֹז בַּז וּלְשִׂימוֹ מִרְמָס
כְּחֹמֶר חוּצוֹת׃

וַיֹּאמֶר שָׁאוּל נֵרְדָה אַחֲרֵי פְלִשְׁתִּים לַיְלָה וְנָבֹזָּה בָהֶם
עַד־אוֹר הַבֹּקֶר וְלֹא־נַשְׁאֵר* בָּהֶם אִישׁ

כִּי־אַתָּה שַׁלּוֹתָ גּוֹיִם רַבִּים יְשָׁלּוּךָ כָּל־יֶתֶר עַמִּים

הוֹי שֹׁדֵד וְאַתָּה לֹא שָׁדוּד כַּהֲמִיתְךָ† שֹׁדֵד תּוּשַּׁד

וַיֹּאמֶר הַמֶּלֶךְ לָרָצִים הַנִּצָּבִים עָלָיו סֹבּוּ וְהָמִיתוּ אֶת־כֹּהֲנֵי
יַהְוֶה

וְהִשְׁלַחְתִּי‡ בָכֶם אֶת־חַיַּת הַשָּׂדֶה וְהִכְרִיתָה אֶת־בְּהֶמְתְּכֶם
וְהִמְעִיטָה אֶתְכֶם וְנָשַׁמּוּ דַּרְכֵיכֶם׃

טֶרֶם יִשְׁכָּבוּ§ וְאַנְשֵׁי הָעִיר נָסַבּוּ עַל־הַבַּיִת מִנַּעַר וְעַד־זָקֵן
כָּל־הָעָם מִקָּצֶה׃

* Hif. juss. † According to thy slaying, מות, hif. inf.

‡ Gr. p. 147. § *Inceptive impf.*

All the people had finished crossing the Yardén (לְ, c. inf. עבר). And that year ended (qal impf. c. וַ·). And ye shall go round (pf. qal c. וְ) the city, all the men of war, girdling (inf. hif. נקף) the city once. Thou hast profaned *the* name of thy God (pi. חלל). And all the cattle and spoil of the cities we carried off (בזז) for ourselves (for us). They have laid waste (hif. pf.) all the cities of thy country. They stood still (ptcp. and pron.) until all these words were ended (עַד־תֹּם). Sinners shall be destroyed (nif. תמם) from the earth.

Cast (גֹּלֵל) upon Yahwè thy path. And I will make her princes (נָזִיר) purer than snow (hif. pf. c. וְ). For (עַל) their sins I will waste them (hif. impf. c. suff.). And God made the people go round (hif. shortened impf. c. וַ) by way of the desert. And Ya'ăqób drew near, and rolled (hif. impf. c. וַ) the stone from upon *the* mouth of the well.

EXERCISE 39.

Verbs Lamedh 'Alef (ל״א).

Gr. pp. 102-104.

מָצָא to find; to happen to
קָרָא to call
יָרֵא to fear
שָׂנֵא to hate
מָלֵא to be full

Parse:

מֹצֵאת — מְצָאַתְנוּ — מָלֵאתִי — דַּכְּאוֹ — לִשְׂנֹא

Translate:

וַיְשַׁלַּח אֶת־הַיּוֹנָה מֵאִתּוֹ וְלֹא־מָצְאָה הַיּוֹנָה מָנוֹחַ לְכַף־רַגְלָהּ׃ אַל־תִּקְרֶאנָה לִי נָעֳמִי קְרֶאןָ לִי מָרָה כִּי־הֵמַר שַׁדַּי לִי מְאֹד׃ אֲנִי מְלֵאָה הָלַכְתִּי וְרֵיקָם הֱשִׁיבַנִי יְהוָה לָמָּה תִקְרֶאנָה לִי נָעֳמִי

יִתֵּן יַהְוֶה לָכֶם וּמְצֶאןָ* מְנוּחָה אִשָּׁה בֵּית אִישָׁהּ

וַיְמַלְאוּ אֶת־כְּלֵיהֶם בָּר וַיָּשִׁיבוּ כַּסְפֵּיהֶם אִישׁ אֶל־שַׂקּוֹ וַיִּתְּנוּ
לָהֶם צֵדָה לַדָּרֶךְ

קַנֹּא קִנֵּאתִי לַיַהְוֶה אֱלֹהֵי צְבָאוֹת כִּי עָזְבוּ בְרִיתְךָ בְּנֵי
יִשְׂרָאֵל וְאֶת־נְבִאֶיךָ הָרְגוּ בֶחָרֶב

וָאִוָּתֵר אֲנִי לְבַדִּי וַיְבַקְשׁוּ אֶת־נַפְשִׁי לְקַחְתָּהּ׃

* Gr. p. 149, The Imperative.

The waters of Dímón are filled *with* blood (pf. qal). We will fill (pi. impf.) our houses *with* spoil. I will hate (qal) thy haters (pi. ptcp.). What hast thou found of all *the* vessels of thy house? Set (שִׂים) *it* here (כֹּה) before my brethren and thy brethren, that they may arbitrate (יכח, hif. impf. c. וְ) between us two. They sought me (pi. בקשׁ), and I was not found (nif. pf.). Fill ye the waters in the seas! And God said to him, Thy name shall no longer be called Ya'ăqób; and he called his name Yisrá'él. And you, ye hated me, and sent me away from with you. Hast thou found me, my foe? And he said, I have found thee! Wherefore hath all this befallen us? He will not find thee, and will kill me (pf.). Thou hast thrown off (נטשׁ) thy people the house of Ya'ăqób because (כִּי) they are full (qal pf.) of (מִן) *the* East; and his land has filled (nif. impf. c. waw conv.) *with* silver and gold, and *there is* no (אַיִן) end (קֵצֶה) to his treasures (אוֹצָר, pl. וֹת).

EXERCISE 40.

Verbs Lamedh He (ל״ו = ל״י = ל״ה).

Gr. pp. 104-107.

בָּנָה to build	כִּסָּה to cover
תָּעָה to wander	גָּלָה to be exiled
חָרָה it was hot, לְ to . . = he was enraged	
בָּכָה to weep	צִוָּה (pi. pu.) to order, bid
עָשָׂה to make, do	חָיָה to live
פָּנָה to turn round	

Parse:

בָּכֹה — גּוֹלָה — וַתֵּבְךְּ — צִוֵּיתָ — יִתְכַּס — אֲצַוֶּךָּ —
כִּסּוּי

Translate:

כֻּלָּנוּ כַּצֹּאן תָּעִינוּ אִישׁ לְדַרְכּוֹ פָּנִינוּ
וַיִּחַר לְמשֶׁה מְאֹד וַיֹּאמֶר אַל־תֵּפֶן אֶל־מִנְחָתָם
וַיָּשָׁב הַיָּם לִפְנוֹת בֹּקֶר לְאֵיתָנוֹ
גַּל־עֵינַי וְאַבִּיטָה* נִפְלָאוֹת מִתּוֹרָתֶךָ:
וַיִּפְנוּ מִשָּׁם הָאֲנָשִׁים וַיֵּלְכוּ סְדֹמָה וְאַבְרָהָם עוֹדֶנּוּ עֹמֵד†
לִפְנֵי יְהוָה:
וַיִּבֶן שָׁם מִזְבֵּחַ וַיִּקְרָא לַמָּקוֹם בֵּית־אֵל כִּי שָׁם נִגְלוּ אֵלָיו
הָאֱלֹהִים

* Gr. p. 144 (3). † Gr. p. 149 (a).

וְהַמַּיִם גָּבְרוּ מְאֹד מְאֹד* עַל־הָאָרֶץ וַיְכֻסּוּ כָּל־הֶהָרִים הַגְּבֹהִים

וְכָל־הָאָרֶץ בּוֹכִים† קוֹל גָּדוֹל וְכָל־הָעָם עֹבְרִים† וְהַמֶּלֶךְ עֹבֵר בְּנַחַל קִדְרוֹן

עַל־נַהֲרוֹת בָּבֶל שָׁם יָשַׁבְנוּ גַּם־בָּכִינוּ בְּזָכְרֵנוּ אֶת־צִיּוֹן׃

עַל־עֲרָבִים בְּתוֹכָהּ תָּלִינוּ כִּנֹּרוֹתֵינוּ׃

* Intensity gained by repetition, cf. Gr. p. 151, *a*, *b*, *c*.

† Gr. p. 154, *ad fin.*

I did according to all that he commanded me. Thou shalt turn in the morning and go (pf. c. וְ) to thy tents. Thou hast forgiven (נשׂא) *the* guilt of thy people, and thou hast covered (pi. pf.) all their sin. Thy sons and thy daughters by the sword shall fall (paus. c. ḥolem), and thy land with the line shall be portioned out, and thou in a heathen (טָמֵא) land shalt die, and Yisrá'él shall surely be exiled from (מֵעַל) his own land! Earth, cover not thou (אַל־, c. impf. pi.) my blood! *The* daughter of Yiftáḥ went, she and her companions, and she wept for (עַל) her maiden-hood upon the mountains. *The* king of 'Asshúr took Shóm^erón, and transported (hif. jussive גלה) Yisrá'él to 'Asshúr (accus. ending), and settled (impf. hif. ישׁב) them in his cities. *There is* a time for birth (inf. ילד), and a time for dying; a time for weeping (inf. constr.), and a time for laughing (שׂחק). Order thine household (לְ), for thou art about to die (ptcp.), and shalt not live! This do, and live (sing. verbs, ךְ)! Thy guides (pi. ptcp. אשר) *are* misleaders (hif. ptcp. תָּעָה).

EXERCISE 41.

Verbs Doubly Weak.

Gr. pp. 108-110.

Translate:

בֵּאלֹהִים בָּטַחְתִּי לֹא אִירָא מַה־יַּעֲשֶׂה אָדָם לִי׃

וַיֹּאמֶר אֱלֹהִים יְהִי־אוֹר וַיְהִי־אוֹר וַיַּרְא אֱלֹהִים אֶת־הָאוֹר כִּי־טוֹב

וַיְבִאֶהָ יִצְחָק הָאֹהֱלָה* שָׂרָה וַיִּקָּחֶהָ וַתְּהִי־לוֹ לְאִשָּׁה וַיֶּאֱהָבֶהָ

שְׂאִי־סָבִיב עֵינַיִךְ וּרְאִי כֻּלָּם נִקְבְּצוּ בָאוּ־לָךְ

וַיֵּחָלֵק עֲלֵיהֶם לַיְלָה† הוּא וַעֲבָדָיו וַיַּכֵּם וַיִּרְדְּפֵם עַד־חוֹבָה אֲשֶׁר מִשְּׂמֹאל לְדַמָּשֶׂק׃

מִי־אַתְּ וַתִּירְאִי‡ מֵאֱנוֹשׁ וַתִּשְׁכְּחִי עֹשֵׂךְ נֹטֶה שָׁמַיִם וְיֹסֵד אָרֶץ

נָתוֹן תִּתֵּן§ לְאָחִיךָ הָאֶבְיוֹן וְלֹא־יֵרַע לְבָבְךָ בְּתִתְּךָ‖ לוֹ

* *Into the tent of Sárá.* The article may be prefixed to the constr. when the genitive is a *proper name.*

† *By night.* Gr. p. 132 (*b*).

‡ *Who art thou that thou fearedst* . . . .

§ Gr. p. 131 (*a*).

‖ Inf. constr. נתן.

צָמְאָה נַפְשִׁי לֵאלֹהִים לְאֵל חָי מָתַי אָבוֹא וְאֵרָאֶה פְּנֵי אֱלֹהִים׃

מַה־תִּשְׁתּוֹחֲחִי נַפְשִׁי וַתֶּהֱמִי עָלָי הוֹחִילִי לֵאלֹהִים כִּי־עוֹד אוֹדֶנּוּ יְשׁוּעוֹת פָּנָי וֵאלֹהָי׃

Pray do not evil (רעע, hif. impf.), my brothers! Remember to fear thy God all *the* days of thy life. When (כִּי) thou tillest (impf.) the ground, it shall no more yield (add to give) its strength to thee; a wanderer (נוע, ptcp.) shalt thou become on the earth! And Midyán was brought low (כנע, nif. impf.) before *the* sons of Yisrá'él, and they did not raise their head again (יסף). Hágár said, Let me not look on (בְּ) *the* death of the boy; and she lifted up her voice and wept. I will not smite every living thing any more (I will not add again to smite). Only beware greatly (שמר, qal) to do the command and the law which Móshè commanded you, to love Yahwè your God, and to walk in all his ways, and to keep his commands, and to serve him with all your heart and with all your soul. And Sárá said, Banish (גרשׁ, pi. imper.) this handmaid (אָמָה) and her son; for her son shall not inherit with (עִם) my son: and the word was very grievous (רעע) in the eyes of 'Abráhám. And Móshè went up from the wilds (עֲרָבָה) of Mó'áb unto the mountain of N^ebó; and Yahwè made him see all the land, and said unto him, This *is* the land that I sware to 'Abráhám, saying, To thy seed I will give* it; I have made thee see *it* with thine eyes,

* Pausal suff.

but (וְ) thither thou shalt not pass over. And I *am* a young lad; I know not *how* to go out and come in.

EXERCISE 42.

Pausal Forms.

Gr. p. 37.

Translate:

וְכָל־הַר וְגִבְעָה יִשְׁפָּ֑לוּ   יָתוֹם לֹא יִשְׁפֹּ֑טוּ

טוּב הָאָ֫רֶץ תֹּאכֵ֫לוּ׃   יְדֵיכֶם דָּמִים מָלֵ֫אוּ׃

פְּנֵי עֲנִיִּים תִּטְחָ֫נוּ   חַטָּֽאתְךָ תְּכֻפָּ֑ר׃

תּוֹרָתִי אַל־תַּעֲזֹ֫בוּ׃   לִבִּי עֲזָבָ֫נִי

חֻקֶּ֫יךָ אֶצֹּ֫רָה׃

דַּם פָּרִים וּכְבָשִׂים וְעַתּוּדִים לֹא חָפָ֫צְתִּי׃

כָּל־יוֹם אֲבָרֲכֶ֑ךָּ

וְאֹתִי יוֹם יוֹם יִדְרֹשׁוּן וְדַעַת דְּרָכַי יֶחְפָּ֑צוּן

וְנָתַתִּי עֲלֵיכֶם חֶרְפַּת עוֹלָם וּכְלִמּוּת עוֹלָם אֲשֶׁר לֹא תִשָּׁכֵ֑חַ׃

וּפִתְּחוּ שְׁעָרַ֫יִךְ תָּמִיד יוֹמָם וָלַ֫יְלָה לֹא יִסָּגֵ֑רוּ

הַגּוֹי וְהַמַּמְלָכָה אֲשֶׁר לֹא־יַעַבְדוּךְ יֹאבֵ֑דוּ וְהַגּוֹיִם חָרֹב יֶחֱרָ֑בוּ׃

מִפְּרִי הָעֵץ אֲשֶׁר בְּתוֹךְ־הַגָּן לֹא תֹאכְלוּ מִמֶּנּוּ וְלֹא תִגְּעוּ בּ֑וֹ פֶּן־תְּמֻתֽוּן׃

מַה־יָּקָר חַסְדְּךָ אֱלֹהִים וּבְנֵי אָדָם בְּצֵל כְּנָפֶ֫יךָ יֶחֱסָ֑יוּן׃

The high ones shall be brought low (ˏ). The judgment of his God he has not forsaken (ˏ). *The* covenant of her God she has forgotten (:שְׁכֵחָה). Their sons have they sent away (pi. שׁלח). My covenant ye must not forget (לֹא, c. impf.). He said unto her, Go (p.); and she went (p.). And Nóaḥ commenced (hif. impf. of חלל, c. ·ְוַ) husbandman (man of the ground), and he planted a vineyard (:ָ‑). All things that crawl on (רמשׂ, impf. sing. f.) the ground, and all fishes of the sea, into your hand are they given (nif. pf. paus.). He *was* fifty years old (a son of fifty year) when (·ְוַ) he died (Gr. p. 93, note 3). Go out from the Ark, thou, and thy wife, and thy sons, and thy sons' wives with thee (p.). And he said unto him, What *is* thy name? and he said, Ya'ăqób. And he said, No longer shall thy name be called Ya'ăqób but Yisrá'él. I will thank thee in a great gathering (קָהָל); amid a numerous (עָצוּם) people I will praise thee! Pity me, O God, pity me (חנן), for in thee hath trusted (חָסָיָה) my soul!

EXERCISE 43.

The Numerals.

Gr. pp. 66-68.

Translate:

עֶרְכוּ אִתָּם מִלְחָמָה אַרְבָּעָה מְלָכִים אֶת־הַחֲמִשָּׁה

שֵׁשֶׁת יָמִים תַּעֲבֹד וְעָשִׂיתָ כָּל־מְלַאכְתֶּךָ

ELEMENTARY EXERCISES. 57

בֶּן־שְׁמֹנַת יָמִים יִמּוֹל לָכֶם כָּל־זָכָר לְדֹרֹתֵיכֶם
הִנֵּה עַרְשׂוֹ עֶרֶשׂ בַּרְזֶל תֵּשַׁע אַמּוֹת אָרְכָּהּ וְאַרְבַּע אַמּוֹת
רָחְבָּהּ
הֶחֱלִף אֶת־מַשְׂכֻּרְתִּי עֲשֶׂרֶת מֹנִים
וַיַּעַשׂ הַמֶּלֶךְ כִּסֵּא־שֵׁן גָּדוֹל שֵׁשׁ מַעֲלוֹת לַכִּסֵּא
וּשְׁנֵים עָשָׂר אֲרָיִים עֹמְדִים שָׁם עַל־שֵׁשׁ הַמַּעֲלוֹת מִזֶּה
וּמִזֶּה :
נֶאֶסְפוּ לְהִלָּחֵם שְׁלֹשִׁים אֶלֶף רֶכֶב וְשֵׁשֶׁת אֲלָפִים פָּרָשִׁים
וְעָם כַּחוֹל אֲשֶׁר עַל־שְׂפַת־הַיָּם לָרֹב
וַיִּהְיוּ כָּל־הַפְּקוּדִים שֵׁשׁ־מֵאוֹת אֶלֶף וּשְׁלֹשֶׁת אֲלָפִים וַחֲמֵשׁ
מֵאוֹת וַחֲמִשִּׁים :

He dwelt on the mountain, and his two daughters (= two of his d.) with him. *The* fourth generation shall return (pl.) hither (הֵנָּה). From *the* four (f.) winds come, O breath (art.), and breathe (נפח, imper.) into (בְּ) these slain ones! *There* were five (f.) cities in *the* land of Miçràyim speaking *the* language (lip) of Kᵉnáʿan. 'E'ylón judged Yisrá'él ten (f.) years. Behold, the sun and the moon and eleven stars were bowing down (ptcp. הִשְׁתַּחֲוָה) to me! When thou goest (in thy going) to-day from me (מֵעִמָּדִי), thou wilt find (pf. c. וְ two (constr.) men near (עִם) Ráḥél's grave. And they two made a covenant before Yahwè. I will not destroy the city (שחת, hif.) if I find there forty and five. And the waters were gradually failing (going and failing, inf. abs.*) until (עַד) the tenth month; in the tenth, on

* Gr. p. 151 (*b*) *ad med.*

the first of (לְ) the month appeared *the* heads of the mountains. And in the second month, on *the* seven and twentieth (20) day of the month, the earth had dried (יָבֵשׁ). And Shá'úl went down, and with him 3000 men (אִישׁ). The youth shall die 100 years old (a son of 100 years). Those who were mustered *were* a hundred thousand, and one and fifty thousand, and eight hundred and seventy (= 151,870).

PART II.

READINGS FROM THE OLD TESTAMENT,

WITH

SHORT NOTES, AND REFERENCES

TO THE

MERCHANT TAYLORS' HEBREW GRAMMAR.

PART II.

READINGS FROM THE OLD TESTAMENT.

---

§ 1.

The Creation of Heavens, Earth, and Light.

בְּרֵאשִׁית[a] בָּרָא[b] אֱלֹהִים[i] אֵת הַשָּׁמַיִם[o] וְאֵת הָאָרֶץ׃[c]

וְהָאָרֶץ הָיְתָה[d] תֹהוּ[e] וָבֹהוּ[f]

וְחֹשֶׁךְ עַל־פְּנֵי תְהוֹם[e]

וְרוּחַ אֱלֹהִים מְרַחֶפֶת[g] עַל־פְּנֵי הַמָּיִם׃[h]

וַיֹּאמֶר[i] אֱלֹהִים יְהִי[k] אוֹר וַיְהִי[l]־אוֹר׃

וַיַּרְא[m] אֱלֹהִים אֶת־הָאוֹר[o] כִּי־טוֹב

וַיַּבְדֵּל[n] אֱלֹהִים בֵּין הָאוֹר וּבֵין[n] הַחֹשֶׁךְ׃[c]

וַיִּקְרָא אֱלֹהִים לָאוֹר[o] יוֹם

וְלַחֹשֶׁךְ[o] קָרָא[q] לָיְלָה[h]

וַיְהִי[p]־עֶרֶב וַיְהִי־בֹקֶר[r] יוֹם אֶחָד׃

[a] "At first." [b] See Gr. p. 130, No. 1.

[c] Gr. p. 44, note *ad init.*

[d] 3 f. sing. pf. qal of הָיָה, verb ל״ה, Gr. p. 106; see also p. 139, N.B. and footnote.

[e] Notice absence of dagesh; Gr. p. 22, Dagesh, 1.

[f] *Pretonic* qameç; Gr. p. 17 (1).

[g] Ptcp. f. piel of רחף; see Gr. p. 149, Participle, 1 (*a*).

[h] *Pausal* qameç; Gr. p. 17 (1), 37 (*a*).

[k] Jussive of הָיָה (resolution of יְהְיְ; so פְּרְיְ became פְּרִי).

[l] פ״א verb; Gr. p. 147, note 3, *ad init.* The yod *not* doubled in *way'hi;* Gr. p. 23, note 1.

[m] Impf. with waw conv. of רָאָה; Gr. p. 24, 2.

[n] וּ and = וּ (*labial* vowel) before a labial; *wayyabdêl* = hif. impf. with waw conv. fr. בדל.

[o] Gr. pp. 43, C, 44, note, the Article; = לְהָאוֹר contracted; so לַחֹשֶׁךְ for *l'haḥoshek;* see also p. 125, β.

[p] Metheg marking *open* syllable *wa;* Gr. p. 37 (*b*), *ad init.*

[q] Accent retracted because of penacute word which follows.

§ 2.

The Expanse of Heaven between the Upper and the Nether Waters.

וַיֹּאמֶר אֱלֹהִים יְהִי [a] רָקִיעַ בְּתוֹךְ [b] הַמָּיִם [c]

וִיהִי [d] מַבְדִּיל [e] בֵּין מַיִם לָמָיִם׃ [f]

וַיַּעַשׂ [g] אֱלֹהִים אֶת־הָרָקִיעַ
וַיַּבְדֵּל [h] בֵּין הַמַּיִם אֲשֶׁר מִתַּחַת [k] לָרָקִיעַ [l]
וּבֵין [m] הַמַּיִם אֲשֶׁר מֵעַל [k] לָרָקִיעַ
וַיְהִי־כֵן׃ [n]
וַיִּקְרָא אֱלֹהִים לָרָקִיעַ שָׁמָיִם׃ [e]
וַיְהִי־עֶרֶב וַיְהִי־בֹקֶר יוֹם שֵׁנִי׃

[a] See § 1, *k.*

[b] Constr. of תָּוֶךְ, weak segholate; Gr. p. 60 (ii).

[c] See § 1, *h.*

[d] וִיהִי = יְהִי + וְ, *and let it be;* distinguish this from וַיְהִי *and it was;* Gr. p. 144, note 2.

[e] Hif. ptcp. [f] See § 1, *f.*

[g] Impf. with waw conv. of עָשָׂה, ל״ה and פ guttural verb; see Gr. pp. 24, 2, 106.

[h] See § 1, *n.*

[k] *Mittaḥath* = *min* + *taḥath* = *ab infero*, on the under side, below; so *me'al*, in next clause, = *a supero*, on the upper side, above.

[l] From לְהָרָקִיעַ; see § 1, *o.*

[m] See § 1, *n.* [n] See § 1, *e.*

§ 3.

Dry Land and Water; Trees and Grasses

וַיֹּאמֶר אֱלֹהִים יִקָּווּ [a] הַמַּיִם מִתַּחַת [b] הַשָּׁמַיִם אֶל־מָקוֹם אֶחָד

וְתֵרָאֶה [c] הַיַּבָּשָׁה וַיְהִי־כֵן׃
וַיִּקְרָא אֱלֹהִים לַיַּבָּשָׁה [d] אֶרֶץ
וּלְמִקְוֵה [e] הַמַּיִם קָרָא יַמִּים [f]
וַיַּרְא [g] אֱלֹהִים כִּי־טוֹב׃
וַיֹּאמֶר אֱלֹהִים תַּדְשֵׁא [h] הָאָרֶץ דֶּשֶׁא
עֵשֶׂב מַזְרִיעַ [k] זֶרַע עֵץ [l] פְּרִי עֹשֶׂה [m] פְּרִי לְמִינוֹ [n]
אֲשֶׁר [o] זַרְעוֹ־בוֹ [o] עַל־הָאָרֶץ וַיְהִי־כֵן׃
וַתּוֹצֵא [p] הָאָרֶץ דֶּשֶׁא עֵשֶׂב מַזְרִיעַ זֶרַע לְמִינֵהוּ [q]
וְעֵץ עֹשֶׂה־פְּרִי אֲשֶׁר זַרְעוֹ־בוֹ לְמִינֵהוּ
וַיַּרְא אֱלֹהִים כִּי־טוֹב׃
וַיְהִי־עֶרֶב וַיְהִי־בֹקֶר יוֹם שְׁלִישִׁי׃

[a] Nif. impf. 3 pl. fr. קָוָה, verb ל״ה, Gr. p. 106, a command; *jussive* use of impf., Gr. p. 142 (*b*).

[b] See § 2, *k*.

[c] Nif. impf. (*jussive*) 3 sing. f. fr. רָאָה; "and let be seen;" çeré compensative, see Gr. p. 24, 1, and פ guttural verb.

[d] See § 1, *o*.

[e] וְ = וּ before sh'wa. *Miqwé*, constr. of *miqwè;* see Gr. p. 64, Rem. 1.

[f] Weak segholates, A, Gr. p. 60 (i.).

[g] See § 1, *m*.

[h] Hif. jussive 3 sing. f. fr. דָּשָׁא, verb ל״א; Gr. p. 102.

[k] Hif. ptcp. fr. זָרַע.   [l] Constr.

[m] Ptcp. of עָשָׂה. [n] Look out מִין.

[o] *'ăsher bó* = in which, Gr. p. 128, 6; supply *is*.

[p] Hif. impf. with waw conv. 3 sing. f. of יָצָא; see Gr. p. 109.

[q] Equals לְמִינוֹ.

§ 4.

The Great Lamps for the rule of Day and Night, and the Stars.

וַיֹּאמֶר [a] אֱלֹהִים יְהִי [b] מְאֹרוֹת [c] בִּרְקִיעַ [i] הַשָּׁמַיִם
לְהַבְדִּיל [d] בֵּין הַיּוֹם וּבֵין הַלָּיְלָה [e]
וְהָיוּ [f] לְאֹתֹת וּלְמוֹעֲדִים [g] וּלְיָמִים [h] וְשָׁנִים׃ [k]
וְהָיוּ [f] לִמְאוֹרֹת [i] בִּרְקִיעַ [i] הַשָּׁמַיִם
לְהָאִיר [m] עַל־הָאָרֶץ וַיְהִי־כֵן׃
וַיַּעַשׂ [n] אֱלֹהִים אֶת־שְׁנֵי [o] הַמְּאֹרֹת הַגְּדֹלִים [e]
אֶת־הַמָּאוֹר הַגָּדוֹל לְמֶמְשֶׁלֶת [p] הַיּוֹם
וְאֶת־הַמָּאוֹר הַקָּטוֹן לְמֶמְשֶׁלֶת הַלַּיְלָה [e] וְאֵת הַכּוֹכָבִים׃
וַיִּתֵּן [q] אוֹתָם אֱלֹהִים בִּרְקִיעַ הַשָּׁמָיִם לְהָאִיר [m] עַל־הָאָרֶץ׃
וְלִמְשֹׁל [l] בַּיּוֹם וּבַלַּיְלָה וּלְהַבְדִּיל [d] בֵּין הָאוֹר וּבֵין הַחֹשֶׁךְ
וַיַּרְא [r] אֱלֹהִים כִּי־טוֹב׃
וַיְהִי־עֶרֶב וַיְהִי־בֹקֶר יוֹם רְבִיעִי׃

[a] § 1, *l*. [b] § 1, *k*.

[c] Pl. of מָאוֹר; the shortening of qameç in this and the next word is due to the loss of accentual support.

[d] Inf. constr. hif. [e] § 1, *h*.

[f] Gr. p. 148 (*b*). [g] מוֹעֵד.

[h] יוֹם. [k] שָׁנָה.

[l] Equals מְאֹ' + לְ; see § 2, *d*. So *birqi'a* = *b^e* + *r^eqi'a*. See also Part I., Ex. 4, note.

[m] Hif. inf. constr. of אוֹר.

[n] § 2, *g*. [o] שְׁנַיִם.

[p] Constr. of מֶמְשָׁלָה; Gr. p. 63, *ad fin*.

[q] Pé nún verb, Gr. p. 88, *ad fin*.

[r] § 1, *m*.

§ 5.

Fishes, Birds, Reptiles, formed and blessed.

וַיֹּאמֶר אֱלֹהִים יִשְׁרְצוּ הַמַּיִם שֶׁרֶץ [a] נֶפֶשׁ [b] חַיָּה
וְעוֹף [b] יְעוֹפֵף [c] עַל־הָאָרֶץ עַל־פְּנֵי רְקִיעַ הַשָּׁמָיִם׃
וַיִּבְרָא אֱלֹהִים אֶת־הַתַּנִּינִם הַגְּדֹלִים
וְאֵת כָּל־נֶפֶשׁ [l] הַחַיָּה [d] הָרֹמֶשֶׂת [e] אֲשֶׁר [f] שָׁרְצוּ הַמַּיִם לְמִינֵהֶם [g]
וְאֵת כָּל־עוֹף כָּנָף [h] לְמִינֵהוּ [g]
וַיַּרְא אֱלֹהִים כִּי־טוֹב׃
וַיְבָרֶךְ [k] אוֹתָם [l] אֱלֹהִים לֵאמֹר [m]
פְּרוּ [n] וּרְבוּ [n] וּמִלְאוּ אֶת־הַמַּיִם בַּיַּמִּים

וְהָעוֹף[b] יִרֶב[c] בָּאָרֶץ׃

וַֽיְהִי־עֶרֶב וַֽיְהִי־בֹקֶר יוֹם חֲמִישִׁי׃

[a] Accus. mater., Gr. p. 133 (*b*).

[b] Collectives.

[c] Pil'el of עוּף (= pi'el, *i.e.*, *intensive* stem). Gr. p. 97, 5.

[d] *kol nefesh haḥayyá* = all the animal life. *Haḥayyá* is a genitive; cf. *yad yĕmini*, hand of my right, *yóm hashshishshi*, day of the sixth.

[e] Ptcp. qal f.

[f] See *a*.

[g] See § 3, *n*, *q*.

[h] Gr. p. 129 (ii.).

[k] Verb 'ayin guttural, pi'el impf., Gr. p. 85; see also p. 147, note 3, *ad init.*

[l] Gr. p. 47, 1, sign of accus.

[m] Gr. p. 26, *b*; inf. constr. of אמר, with pref. לְ; = dicendo.

[n] Imperatives qal of verbs lamedh hé; Gr. p. 106.

[o] Jussive of רָבָה; Gr. p. 105, Rem. 6.

§ 6.

Cattle and Reptiles; Mankind and their Blessing.

וַיֹּאמֶר אֱלֹהִים תּוֹצֵא[a] הָאָרֶץ נֶפֶשׁ[f] חַיָּה לְמִינָהּ

בְּהֵמָה[f] וָרֶמֶשׂ[b] וְחַיְתוֹ[c]־אֶרֶץ לְמִינָהּ וַֽיְהִי־כֵן׃

וַיַּעַשׂ[d] אֱלֹהִים אֶת־חַיַּת[e] הָאָרֶץ לְמִינָהּ וְאֶת־הַבְּהֵמָה לְמִינָהּ

וְאֵת כָּל־רֶמֶשׂ[f] הָאֲדָמָה לְמִינֵהוּ

וַיַּרְא אֱלֹהִים כִּי־טוֹב׃

וַיֹּאמֶר אֱלֹהִים נַעֲשֶׂה[g] אָדָם[f] בְּצַלְמֵנוּ[h] כִּדְמוּתֵנוּ[k]

וְיִרְדּוּ בִדְגַת[l][f] הַיָּם וּבְעוֹף[f] הַשָּׁמַיִם וּבַבְּהֵמָה וּבְכָל־הָאָרֶץ

וּבְכָל־הָרֶמֶשׂ הָרֹמֵשׂ[m] עַל־הָאָרֶץ׃

וַיִּבְרָא אֱלֹהִים אֶת־הָאָדָם[n] בְּצַלְמוֹ[h]

בְּצֶלֶם אֱלֹהִים בָּרָא אֹתוֹ

זָכָר וּנְקֵבָה בָּרָא אֹתָם׃

וַיְבָרֶךְ אֹתָם אֱלֹהִים

וַיֹּאמֶר לָהֶם[p] אֱלֹהִים פְּרוּ[q] וּרְבוּ[q] וּמִלְאוּ אֶת־הָאָרֶץ וְכִבְשֻׁהָ[r]

וּרְדוּ[q] בִּדְגַת[l] הַיָּם וּבְעוֹף הַשָּׁמַיִם

וּבְכָל־חַיָּה[f] הָרֹמֶשֶׂת[m] עַל־הָאָרֶץ׃

[a] § 3, *p*. [b] § 1, *f*.

[c] Archaic form = חַיַּת; Gr. p. 52, *middle*.

[d] § 2, *g*.

[e] Adj. f. used as abstr. subst. in collective sense, "living creatures."

[f] Collectives. [g] Qal impf. 1 pl. עשה.

[h] Gr. p. 59, Segh. A.

[k] § 4, *l*; see Part I., Ex. 4. Look out *d^emúth*.

[l] Constr. of דָּגָה.

[m] Ptcp. with article = ὁ ἕρπων, ἡ ἕρπουσα.

[n] Gr. p. 125, β. [o] § 5, *k*.

[p] Gr. p. 47, *ad fin* ; qameç pretonic.

[q] § 5, *n*.

[r] Imper. of כָּבַשׁ, with f 3 pers. suffix.

§ 7.

Seeding Grasses and Fruit Trees given for Food to Animals and Man.

The Seventh Day made holy.

וַיֹּאמֶר אֱלֹהִים הִנֵּה נָתַתִּי[a] לָכֶם אֶת־כָּל־עֵשֶׂב זֹרֵעַ[b] זֶרַע
אֲשֶׁר עַל־פְּנֵי כָל־הָאָרֶץ
וְאֶת כָּל־הָעֵץ אֲשֶׁר[c]־בּוֹ פְרִי־עֵץ זֹרֵעַ זָרַע
לָכֶם יִהְיֶה[d] לְאָכְלָה׃
וּלְכָל־חַיַּת הָאָרֶץ וּלְכָל־עוֹף הַשָּׁמַיִם וּלְכֹל רוֹמֵשׂ עַל־הָאָרֶץ
אֲשֶׁר־בּוֹ נֶפֶשׁ חַיָּה
אֶת־כָּל־יֶרֶק[e] עֵשֶׂב לְאָכְלָה וַיְהִי־כֵן׃
וַיַּרְא אֱלֹהִים אֶת־כָּל־אֲשֶׁר עָשָׂה[f] וְהִנֵּה־טוֹב מְאֹד
וַיְהִי־עֶרֶב וַיְהִי־בֹקֶר יוֹם הַשִּׁשִּׁי׃[g]
וַיְכֻלּוּ[h] הַשָּׁמַיִם וְהָאָרֶץ וְכָל־צְבָאָם׃[k]
וַיְכַל[l] אֱלֹהִים בַּיּוֹם הַשְּׁבִיעִי מְלַאכְתּוֹ[m] אֲשֶׁר עָשָׂה[f]
וַיִּשְׁבֹּת בַּיּוֹם הַשְּׁבִיעִי מִכָּל־מְלַאכְתּוֹ אֲשֶׁר עָשָׂה׃

וַיְבָרֶךְ [n] אֱלֹהִים אֶת־יוֹם הַשְּׁבִיעִי [g] וַיְקַדֵּשׁ אֹתוֹ
כִּי בוֹ שָׁבַת מִכָּל־מְלַאכְתּוֹ אֲשֶׁר־בָּרָא אֱלֹהִים לַעֲשׂוֹת׃ [o]

[a] Gr. p. 88, note.

[b] Qal ptcp. lamedh guttural, Gr. p. 88, 1.

[c] *'ăshèr bó* = wherein; Gr. p. 128, 6, *ad init.*

[d] *Yihyè l'* . . , it shall become . .

[e] Greenness of grass = green grass; Gr. p. 128 (ii.), *ad fin.*

[f] Equals plupf., "he had made."

[g] Notice the article.

[h] Pu'al impf. 3 pl. of כלה.

[k] צָבָא.

[l] Pi'el jussive, 3 sing. of כלה; Gr. p. 105, Rem. 6.

[m] מְלָאכָה.

[n] § 6, *o.*

[o] Inf. constr. of עשה, with ל; *bará la'asóth*, fashioned so as to make.

§ 8.

'Iyób, his Wealth and Piety.

אִישׁ הָיָה [a] בְאֶרֶץ־עוּץ אִיּוֹב [b] שְׁמוֹ
וְהָיָה [c] ׀ הָאִישׁ הַהוּא תָּם וְיָשָׁר וִירֵא [d] אֱלֹהִים וְסָר [e] מֵרָע׃
וַיִּוָּלְדוּ [f] לוֹ שִׁבְעָה בָנִים [g] וְשָׁלוֹשׁ בָּנוֹת׃ [h]

וַיְהִי מִקְנֵהוּ[k] שִׁבְעַת אַלְפֵי[l]־צֹאן וּשְׁלֹשֶׁת אַלְפֵי גְמַלִּים[m]
וַחֲמֵשׁ מֵאוֹת צֶמֶד־בָּקָר וַחֲמֵשׁ מֵאוֹת אֲתוֹנוֹת
וַעֲבֻדָּה[n] רַבָּה מְאֹד
וַיְהִי הָאִישׁ הַהוּא גָּדוֹל מִכָּל[o]־בְּנֵי־קֶדֶם׃
וְהָלְכוּ[c] בָנָיו וְעָשׂוּ[c] מִשְׁתֶּה[k] בֵּית[p] אִישׁ[q] יוֹמוֹ
וְשָׁלְחוּ[c] וְקָרְאוּ[c] לִשְׁלֹשֶׁת אַחְיֹתֵיהֶם[g] לֶאֱכֹל וְלִשְׁתּוֹת[r] עִמָּהֶם׃
וַיְהִי כִּי הִקִּיפוּ[s] יְמֵי[t] הַמִּשְׁתֶּה וַיִּשְׁלַח[v] אִיּוֹב וַיְקַדְּשֵׁם
וְהִשְׁכִּים בַּבֹּקֶר וְהֶעֱלָה[w] עֹלוֹת מִסְפַּר[x] כֻּלָּם
כִּי אָמַר אִיּוֹב אוּלַי חָטְאוּ בָנַי וּבֵרְכוּ[y] אֱלֹהִים בִּלְבָבָם
כָּכָה יַעֲשֶׂה[c] אִיּוֹב כָּל־הַיָּמִים׃

[a] "There was," emphatic = existed, once lived.

[b] Supply *was*, as usual in Hebrew, Gr. p. 124, 1, note. Look out שֵׁם.

[c] *Wĕhayá*, impf. of habit, Gr. p. 148, *c*, 5.

[d] Constr. of יָרֵא; see Part I., Ex. 4.

[e] סוּר, ptcp.

[f] יָלַד.

[g] בֵּן, Gr. p. 65.

[h] בַּת, Gr. p. 65.

[k] מִקְנֶה; Gr. p. 64, Rem. 1.

[l] Segholates A, Gr. p. 59.

[m] גָּמָל; lamedh doubled in pl. to preserve original *a*.

[n] Collective.

[o] Gr. p. 137, 1.

[p] Accus. loc., Gr. p. 133 (*a*).

[q] "In the house of each, (on) his day;" accus. temp., Gr. p. 132 (*b*).

[r] Verb ל״ה, inf. constr.

[s] Verb פ״ן, hif. [t] יוֹם.

[v] Apodotic waw; "*then* 'Iyôb sent," etc.

[w] Equals impf. of habit; "he would rise early," etc., Gr. p. 148 (*c*). *Hĕ'ĕla*, hif. of עָלָה.

[x] Accus.; "according to the number of them all."

[y] Pf. with *weak* waw; "and *have* cursed," pi. pf.

§ 9.

The Adversary before Yahwè.

וַיְהִי [a] הַיּוֹם וַיָּבֹאוּ בְּנֵי הָאֱלֹהִים לְהִתְיַצֵּב עַל [b]-יְהוָה

וַיָּבוֹא גַם-הַשָּׂטָן בְּתוֹכָם׃ [c]

וַיֹּאמֶר יְהוָה אֶל-הַשָּׂטָן מֵאַיִן [d] תָּבֹא

וַיַּעַן הַשָּׂטָן אֶת-יְהוָה וַיֹּאמַר [f] מִשּׁוּט בָּאָרֶץ וּמֵהִתְהַלֵּךְ בָּהּ׃

וַיֹּאמֶר יְהוָה אֶל-הַשָּׂטָן הֲשַׂמְתָּ [g] לִבְּךָ עַל-עַבְדִּי אִיּוֹב

כִּי אֵין כָּמֹהוּ [h] בָּאָרֶץ

אִישׁ תָּם וְיָשָׁר יְרֵא אֱלֹהִים וְסָר [k] מֵרָע׃

וַיַּעַן [e] הַשָּׂטָן אֶת-יְהוָה וַיֹּאמַר [f]

הַחִנָּם [l] יָרֵא אִיּוֹב אֱלֹהִים׃

הֲלֹא-אַתָּה שַׂכְתָּ [m] בַעֲדוֹ וּבְעַד-בֵּיתוֹ

וּבְעַד כָּל-אֲשֶׁר-לוֹ מִסָּבִיב

מַעֲשֵׂה יָדָיו בֵּרַכְתָּ וּמִקְנֵהוּ [n] פָּרַץ בָּאָרֶץ׃
וְאוּלָם שְׁלַח־נָא יָדְךָ [r] וְגַע [o] בְּכָל־אֲשֶׁר־לוֹ
אִם [p]־לֹא עַל־פָּנֶיךָ יְבָרְכֶךָּ׃ [q]
וַיֹּאמֶר יְהוָֹה אֶל־הַשָּׂטָן הִנֵּה כָל־אֲשֶׁר־לוֹ בְּיָדֶךָ [r]
רַק אֵלָיו אַל־תִּשְׁלַח יָדֶךָ [r]
וַיֵּצֵא [s] הַשָּׂטָן מֵעִם [t] פְּנֵי יְהוָֹה׃

[a] "Now there came a (Gr. p. 126, note 1) day when the sons of God went," etc. "The sons of God," *i.e.*, the angels. *Wayyabo'u*, impf. 3 pl. בּוֹא.

[b] עַל before.

[c] § 2, *b*.

[d] מִן + אַיִן = from where, whence?

[e] עָנָה.

[f] Notice the *pausal* pathaḥ; Gr. p. 37 (*a*).

[g] "Hast thou set;" שִׂים, qal pf. 2 sing., with inter. prefix.

[h] Gr. p. 49, 7.

[k] סוּר, ptcp. qal.

[l] Inter. prefix + *ḥinnám*, which look out; and see Gr. p. 111, 2.

[m] Verb ע״ו.

[n] § 8, *k*.

[o] פ״ן verb; Gr. p. 88, 2.

[p] Gr. p. 158, N.B. 2. "He will doubtless curse thee to thy face!" *Suppressed apodosis.*

[q] Pausal form (= *yabarrakanka*, with nun assimilated).

[r] Note pausal and non-pausal forms.

[s] Verb פ״י.

[t] Compound prep. = "from," Gr. p. 116, 2.

[*] For this name read *'Adonay;* see Gr. p. 14, note 4

§ 10.

Three Messengers of Evil.

וַיְהִי[a] הַיּוֹם וּבָנָיו וּבְנֹתָיו אֹכְלִים[b] וְשֹׁתִים יַיִן
בְּבֵית אֲחִיהֶם הַבְּכוֹר׃
וּמַלְאָךְ בָּא[c] אֶל־אִיּוֹב וַיֹּאמַר
הַבָּקָר הָיוּ[d] חֹרְשׁוֹת וְהָאֲתֹנוֹת רֹעוֹת[e] עַל־יְדֵיהֶם׃[f]
וַתִּפֹּל[g] שְׁבָא וַתִּקָּחֵם[g] וְאֶת־הַנְּעָרִים הִכּוּ[h] לְפִי[k]־חָרֶב[l]
וָאִמָּלְטָה[m] רַק־אֲנִי לְבַדִּי[n] לְהַגִּיד[o] לָךְ׃
עוֹד ׀ זֶה מְדַבֵּר[b] וְזֶה בָּא וַיֹּאמַר
אֵשׁ אֱלֹהִים נָפְלָה מִן־הַשָּׁמַיִם
וַתִּבְעַר בַּצֹּאן וּבַנְּעָרִים וַתֹּאכְלֵם[p]
וָאִמָּלְטָה רַק־אֲנִי לְבַדִּי לְהַגִּיד לָךְ׃
עוֹד ׀ זֶה מְדַבֵּר וְזֶה בָּא וַיֹּאמַר
כַּשְׂדִּים[q] שָׂמוּ[r] ׀ שְׁלֹשָׁה רָאשִׁים
וַיִּפְשְׁטוּ עַל־הַגְּמַלִּים וַיִּקָּחוּם[g] וְאֶת־הַנְּעָרִים הִכּוּ[h] לְפִי־חָרֶב
וָאִמָּלְטָה רַק־אֲנִי לְבַדִּי לְהַגִּיד[o] לָךְ׃

[a] § 9, *a*. [b] Gr. p. 149 (*a*). שָׁתָה.

[c] For this verb see Gr. p. 108.

[d] ל״ה. [e] ל״ה, ptcp. pl. f.

[f] *'al-y'dêhem*, by their side.

[g] פ״ן; Gr. p. 88, 1.

[h] פ״ן and ל״ה; Gr. p. 109, *ad fin.*

[k] פֶּה mouth; Gr. p. 66, *ad init.*

[l] Pausal; = חֶרֶב.

[m] Gr. p. 143, note 2, is as true of the cohortative as of the jussive form of the impf.

[n] Look out בַּד.

[o] Verb פ״ן; hif. inf. constr.

[p] פ״א verb, Gr. p. 84. אֵשׁ f.

[q] The Kasdim, generally identified with the Chaldaeans.

[r] See § 9, *g*.

§ 11.

The Last and Crowning Disaster; 'Iyôb's Pious Resignation.

עַד[a] זֶה מְדַבֵּר וְזֶה בָּא וַיֹּאמַר

בָּנֶיךָ וּבְנוֹתֶיךָ אֹכְלִים וְשֹׁתִים[b] יַיִן בְּבֵית אֲחִיהֶם הַבְּכוֹר׃

וְהִנֵּה רוּחַ גְּדוֹלָה בָּאָה[c] ׀ מֵעֵבֶר הַמִּדְבָּר וַיִּגַּע[d] בְּאַרְבַּע פִּנּוֹת

הַבַּיִת וַיִּפֹּל[e] עַל־הַנְּעָרִים וַיָּמוּתוּ[f]

וָאִמָּלְטָה רַק־אֲנִי לְבַדִּי [g] לְהַגִּיד לָךְ׃

וַיָּקָם [h] אִיּוֹב וַיִּקְרַע אֶת־מְעִלוֹ [k] וַיָּגָז [l] אֶת־רֹאשׁוֹ

וַיִּפֹּל אַרְצָה [m] וַיִּשְׁתָּחוּ׃ [n]

וַיֹּאמֶר עָרֹם יָצָתִי [o] מִבֶּטֶן אִמִּי וְעָרֹם אָשׁוּב שָׁמָּה

יְהוָה נָתַן וַיהוָה לָקָח [p]

יְהִי [q] שֵׁם יְהוָה מְבֹרָךְ׃ [r]

[a] While; *dum hic loquebatur.*

[b] § 10, *b.*

[c] Pf., as the accent shows; Gr. p. 97, Rem. 4.

[d] § 9, *o.* [e] § 10, *g.*

[f] So in Greek ἔθανον, were killed.

[g] § 10, *n.*

[h] קוּם; Gr. p. 93, note 3.

[k] Defective writing for מְעִיל.

[l] ע״ע; *gázaz*, Gr. p. 99, note 4.

[m] "To the earth," Gr. p. 52, *ad med.*

[n] שָׁחָה; hithpalel, shortened impf. with pausal qameç. *Hishtaḥăwè*, transposed from *hithshaḥăwè; yishtaḥu* is a contraction of *yishtàḥaw*, like *Yáhu* from *Yahwè* or *Yahawè*, and בֹּהוּ, תֹּהוּ, § 1, *e*, *f*, from *bóhèw*, *tóhèw.*

[o] א, third radical, omitted.

[p] Second qameç pausal.

[q] § 1, *k.*

[r] Equals *meburrak*, *i.e.*, pu'al ptcp. of ע guttural verb.

§ 12.

The Temptation and Fall of Man.

וְהַנָּחָשׁ הָיָה עָרוּם מִכֹּל[a] חַיַּת[b] הַשָּׂדֶה
אֲשֶׁר עָשָׂה יְהוָה אֱלֹהִים
וַיֹּאמֶר[c] אֶל־הָאִשָּׁה אַף[c] כִּי־אָמַר אֱלֹהִים
לֹא תֹאכְלוּ[e] מִכֹּל[d] עֵץ הַגָּן׃
וַתֹּאמֶר הָאִשָּׁה אֶל־הַנָּחָשׁ
מִפְּרִי עֵץ[f]־הַגָּן נֹאכֵל׃ [g]
וּמִפְּרִי הָעֵץ אֲשֶׁר בְּתוֹךְ[h]־הַגָּן
אָמַר אֱלֹהִים לֹא תֹאכְלוּ מִמֶּנּוּ
וְלֹא תִגְּעוּ[k] בּוֹ[k] פֶּן־תְּמֻתוּן׃ [l]
וַיֹּאמֶר הַנָּחָשׁ אֶל־הָאִשָּׁה
לֹא־מוֹת[m] תְּמֻתוּן׃
כִּי יֹדֵעַ[n] אֱלֹהִים כִּי בְּיוֹם אֲכָלְכֶם[o] מִמֶּנּוּ
וְנִפְקְחוּ[p] עֵינֵיכֶם וִהְיִיתֶם[q] כֵּאלֹהִים[r] יֹדְעֵי טוֹב וָרָע׃ [s]
וַתֵּרֶא[t] הָאִשָּׁה כִּי טוֹב הָעֵץ לְמַאֲכָל
וְכִי תַאֲוָה[u]־הוּא לָעֵינַיִם וְנֶחְמָד[v] הָעֵץ לְהַשְׂכִּיל[w]
וַתִּקַּח[x] מִפִּרְיוֹ וַתֹּאכַל[y]
וַתִּתֵּן[z] גַּם־לְאִישָׁהּ עִמָּהּ וַיֹּאכַל׃ [y]

[a] Gr. p. 137, 1; מִן.

[b] חַיָּה is collective.

[c] A question. אַף = הַאַף; *'af ki*, Is it even so that, Is it true that.

[d] לֹא . . . כֹּל, not any, no; Gr. p. 49, 8, *ad fin.*

[e] Verb פ״א, Gr. p. 84.

[f] Collective.

[g] *Potential* use of impf.; Gr. p. 142, C.

[h] Constr. of תָּוֶךְ, weak segholate, Gr. p. 60 (ii.).

[k] Gr. p. 22 (1), (2), Dagesh; verb פ״ן, נָגַע.

[l] Older form of תְּמוּתוּן (verb ע״ו, Gr. p. 94). Note effect of shifting the accent.

[m] Emphatic, "Ye shall *not* die!" Gr. p. 151.

[n] Verb פ״י, ptcp.

[o] Inf. constr. with suffix, Gr. p. 152, *c*, *d*. "In the day of your eating."

[p] The waw marks the apodosis, like δὲ in Greek; Gr. p. 148, 4.

[q] Note the vowels of this word; pf. 2 pl. of הָיָה, verb ל״ה.

[r] Gr. p. 26, *b*. Pretonic qameç.

[t] Shortened impf. qal, 3 sing. f. of רָאָה; Gr. p. 110, third verb.

[u] Gr. p. 129, 2.

[v] Ptcp. nif. of verb פ guttural; = *cupiendus* or *amabilis*.

[w] "To look at," or "for becoming wise."

[x] See Gr. p. 88, verbs פ״ן, 1, and note.

[y] Notice the *pausal* forms; Gr. p. 37 (1).

§ 13.

God's Bow.

וַיֹּאמֶר אֱלֹהִים זֹאת אוֹת־הַבְּרִית אֲשֶׁר אֲנִי נֹתֵן [a]

בֵּינִי וּבֵינֵיכֶם וּבֵין כָּל־נֶפֶשׁ חַיָּה אֲשֶׁר אִתְּכֶם [b]

לְדֹרֹת עוֹלָם׃

אֶת־קַשְׁתִּי [c] נָתַתִּי בֶּעָנָן

וְהָיְתָה [d] לְאוֹת בְּרִית בֵּינִי וּבֵין הָאָרֶץ׃

וְהָיָה בְּעַנְנִי [e] עָנָן עַל־הָאָרֶץ

וְנִרְאֲתָה [f] הַקֶּשֶׁת בֶּעָנָן׃

וְזָכַרְתִּי [g] אֶת־בְּרִיתִי אֲשֶׁר בֵּינִי וּבֵינֵיכֶם

וּבֵין כָּל־נֶפֶשׁ חַיָּה בְּכָל־בָּשָׂר

וְלֹא־יִהְיֶה [h] עוֹד הַמַּיִם לְמַבּוּל לְשַׁחֵת כָּל־בָּשָׂר׃

וְהָיְתָה הַקֶּשֶׁת בֶּעָנָן

וּרְאִיתִיהָ [k] לִזְכֹּר [l] בְּרִית עוֹלָם

בֵּין אֱלֹהִים וּבֵין כָּל־נֶפֶשׁ חַיָּה בְּכָל־בָּשָׂר אֲשֶׁר עַל־הָאָרֶץ׃

[a] Ptcp. in *future* sense: "I am going to put."

[b] אֵת (*int*), with; Gr. p. 48, 3.

[c] קֶשֶׁת.

[d] "That it may become."

[e] Equals בְּעַנְנִי, pi. inf. of עָנַן (no qal); see Gr. p. 152 (*c*).

[f] "Then shall be seen;" apodotic waw, § 8, *v*.

[g] Notice the place of the accent, Gr. p. 147. Pf. with waw conv.

[h] "The waters shall not again become a flood;" sing. verb, pl. subj., Gr. p. 156, 6.

[k] רְאָה; 1 sing. pf. qal, with suffix 3 f. sing.

[l] Gr. p. 13, note 2.

§ 14.

*K*ᵉ*na*ʿ*an promised to* ʾ*Abram.*

וַיהוָה[a] אָמַר אֶל־אַבְרָם אַחֲרֵי הִפָּרֶד[b]־לוֹט מֵעִמּוֹ
שָׂא[c] נָא עֵינֶיךָ וּרְאֵה[d] מִן־הַמָּקוֹם אֲשֶׁר[e]־אַתָּה שָׁם
צָפֹנָה[f] וָנֶגְבָּה וָקֵדְמָה וָיָמָּה׃
כִּי אֶת־כָּל־הָאָרֶץ אֲשֶׁר־אַתָּה רֹאֶה[g] לְךָ אֶתְּנֶנָּה[h]
וּלְזַרְעֲךָ[k] עַד־עוֹלָם׃
וְשַׂמְתִּי[l] אֶת־זַרְעֲךָ כַּעֲפַר הָאָרֶץ
אֲשֶׁר[m] ׀ אִם־יוּכַל אִישׁ לִמְנוֹת[n] אֶת־עֲפַר הָאָרֶץ
גַּם זַרְעֲךָ יִמָּנֶה׃

קוּם הִתְהַלֵּךְ בָּאָרֶץ לְאָרְכָּהּ ° וּלְרָחְבָּהּ °
כִּי לְךָ אֶתְּנֶנָּה׃ [h]

[a] Equals *Wadonay* = *wa-ădonay;* see § 9, *.

[b] Nif. inf. constr. פָּרַד; mark effect of maqqéf; Gr. p. 36, note 1.

[c] נָשָׂא; imperat. [d] Verb ל״ה.

[e] *'ăsher 'atta shám*, "that thou there," = where thou art.

[f] In these four words notice the old accus. ending, conveying the idea of motion, -ward, Gr. p. 52; the waw has *pretonic* qameç with *nègba* and *qédma* (*negeb*, *qedem*).

[g] Ptcp. = pres.

[h] נָתַן, impf. 1 sing. with suffix 3 f.; § 12, *a*.

[k] זֶרַע.

[l] § 9, *g;* waw conv., as accent shows.

[m] "So that, if a man can count." יוּכַל, impf. of יָכֹל; perhaps a hof'al formation, though used as qal, which it may be.

[n] מָנָה; cf. *μνᾶ*, mina.

[o] Both segholates U, Gr. p. 59.

§ 15.

'Abrāhám by 'Elohim's Bidding goes to Sacrifice his only Son.

וַיְהִי [a] אַחַר הַדְּבָרִים הָאֵלֶּה וְהָאֱלֹהִים [a] נִסָּה אֶת־אַבְרָהָם

וַיֹּאמֶר אֵלָיו[b] אַבְרָהָם וַיֹּאמֶר הִנֵּנִי׃[c]

וַיֹּאמֶר קַח[d]־נָא אֶת־בִּנְךָ

אֶת־יְחִידְךָ אֲשֶׁר־אָהַבְתָּ אֶת־יִצְחָק[g]

וְלֶךְ[e]־לְךָ[f] אֶל־אֶרֶץ הַמֹּרִיָּה[g]

וְהַעֲלֵהוּ[h] שָׁם לְעוֹלָה

עַל אַחַד הֶהָרִים[k] אֲשֶׁר אֹמַר[l] אֵלֶיךָ׃[b]

וַיַּשְׁכֵּם[m] אַבְרָהָם בַּבֹּקֶר וַיַּחֲבֹשׁ אֶת־חֲמֹרוֹ

וַיִּקַּח[d] אֶת־שְׁנֵי[n] נְעָרָיו אִתּוֹ וְאֵת יִצְחָק בְּנוֹ

וַיְבַקַּע עֲצֵי[o] עֹלָה וַיָּקָם[p] וַיֵּלֶךְ[e] אֶל־הַמָּקוֹם

אֲשֶׁר־אָמַר־לוֹ הָאֱלֹהִים׃

בַּיּוֹם[q] הַשְּׁלִישִׁי וַיִּשָּׂא אַבְרָהָם אֶת־עֵינָיו

וַיַּרְא אֶת־הַמָּקוֹם מֵרָחֹק׃

וַיֹּאמֶר אַבְרָהָם אֶל־נְעָרָיו שְׁבוּ־לָכֶם[f] פֹּה עִם־הַחֲמוֹר

וַאֲנִי וְהַנַּעַר נֵלְכָה[e] עַד־כֹּה[s]

וְנִשְׁתַּחֲוֶה[t] וְנָשׁוּבָה אֲלֵיכֶם׃[b]

וַיִּקַּח[d] אַבְרָהָם אֶת־עֲצֵי[o] הָעֹלָה וַיָּשֶׂם[v] עַל־יִצְחָק בְּנוֹ

וַיִּקַּח בְּיָדוֹ אֶת־הָאֵשׁ וְאֶת־הַמַּאֲכֶלֶת

וַיֵּלְכוּ[e] שְׁנֵיהֶם[n] יַחְדָּו׃

וַיֹּאמֶר יִצְחָק אֶל־אַבְרָהָם אָבִיו[x]

וַיֹּאמֶר אָבִי וַיֹּאמֶר הִנֶּנִּי[c] בְנִי

וַיֹּאמֶר הִנֵּה[c] הָאֵשׁ וְהָעֵצִים[o] וְאַיֵּה[w] הַשֶּׂה לְעֹלָה׃

וַיֹּאמֶר אַבְרָהָם אֱלֹהִים יִרְאֶה־לּוֹ הַשֶּׂה לְעֹלָה בְּנִי
וַיֵּלְכוּ ᶜ שְׁנֵיהֶם ᵗ יַחְדָּו׃

[a] *Way'hî . . . w'ha'ĕlohim*, "and it happened after these things that . . . . . ;" the English *subordinate* clause is *co-ordinate* in the Hebrew, a mark of ancient speech.

[b] Gr. p. 48, 5.

[c] הִנֵּה lo! (properly, here!) *Hinnéni* pausal, *hinnènni* common form.

[d] Gr. p. 88, פ"ן, note.

[e] לֶךְ־ = לֵךְ, Gr. p. 36, first note; imperative of הָלַךְ (ילך).

[f] Ethic dative; cf. Fr. *s'en aller;* "betake thyself."

[g] Proper name, Gr. p. 126, γ ; str. an epithet.

[h] עָלָה, hif. impf. with suffix.

[k] Gr. p. 43, *ad fin.*

[l] Impf. 1 sing.; פ"א, Gr. p. 84.

[m] Gr. p. 70, *ad fin.* for the *form*; p. 147, note 3 for the *use*.

[n] § 4, *o*. [o] עַיִן.

[p] Gr. p. 93, note 3.

[q] "It was on the third day that 'Abraham looked up and saw." *Way'hi* would more naturally have led off the sentence. *Wayyissa'*, פ"ן and ל"א, Gr. p. 110.

[r] פ"י, imperat. pl.

[s] *'ad-kó*, thither, to yon place. *Nel'ka*, cohort., Gr. p. 143, 2.

[t] See § 11, *n*.

[v] See § 9, *g*, and Gr. p. 93, note 3.

[w] Adv. loc., Gr. p. 112.

[x] Gr. p. 64, Irreg. Nouns, 1.

[*] שְׁנַיִם.

§ 16.

The Sacrifice Forbidden by the Angel of Yahwè.

וַיָּבֹאוּ [a] אֶל־הַמָּקוֹם אֲשֶׁר אָמַר־לוֹ הָאֱלֹהִים

וַיִּבֶן [b] שָׁם אַבְרָהָם אֶת־הַמִּזְבֵּחַ וַיַּעֲרֹךְ אֶת־הָעֵצִים

וַיַּעֲקֹד אֶת־יִצְחָק בְּנוֹ [*]

וַיָּשֶׂם [c] אֹתוֹ [d] עַל־הַמִּזְבֵּחַ מִמַּעַל [e] לָעֵצִים׃ [c]

וַיִּשְׁלַח אַבְרָהָם אֶת־יָדוֹ וַיִּקַּח אֶת־הַמַּאֲכֶלֶת

לִשְׁחֹט אֶת־בְּנוֹ׃

וַיִּקְרָא אֵלָיו מַלְאַךְ יְהוָה מִן־הַשָּׁמַיִם

וַיֹּאמֶר אַבְרָהָם ׀ אַבְרָהָם וַיֹּאמֶר הִנֵּנִי׃ [f]

וַיֹּאמֶר אַל־תִּשְׁלַח יָדְךָ אֶל־הַנַּעַר וְאַל־תַּעַשׂ [g] לוֹ מְאוּמָה [h]

כִּי ׀ עַתָּה יָדַעְתִּי כִּי־יְרֵא [k] אֱלֹהִים אַתָּה

וְלֹא חָשַׂכְתָּ אֶת־בִּנְךָ אֶת־יְחִידְךָ מִמֶּנִּי׃

וַיִּשָּׂא [l] אַבְרָהָם אֶת־עֵינָיו וַיַּרְא

וְהִנֵּה־אַיִל אַחַר [m] נֶאֱחַז [n] בַּסְּבַךְ בְּקַרְנָיו [o]

וַיֵּלֶךְ [p] אַבְרָהָם וַיִּקַּח אֶת־הָאַיִל וַיַּעֲלֵהוּ [q] לְעֹלָה תַּחַת בְּנוֹ׃

[a] § 9, *a*.

[b] בָּנָה; impf. יִבְנֶה, shortened יִבֶן; Gr. p. 105, Rem. 6.

[c] § 15, *v*.

[d] Gr. p. 47, 1, the objective pron.

[e] See § 2, *k*. *Ma'al*, top.

[f] § 15, *c*.

[g]. Shortened form (*jussive*) from תַּעֲשֶׂה, impf. 2 sing. of עָשָׂה.

[h] *M'uma* = מָה וּמָה "anything whatever" (after a negative).

[k] Constr. of יָרֵא, § 8, *d*.

[l] § 15, *q*.

[m] "Behind," adv. loc.

[n] Nif. ptcp. אָחַז.

[o] קֶרֶן.

[p] § 15, *e*.

[q] See § 15, *h*.

§ 17.

Ya'ăqôb and the Shepherds at the Well.

וַיִּשָּׂא [a] יַעֲקֹב רַגְלָיו וַיֵּלֶךְ [b] אַרְצָה [c] בְנֵי־קֶדֶם׃

וַיַּרְא וְהִנֵּה בְאֵר בַּשָּׂדֶה

וְהִנֵּה־שָׁם שְׁלֹשָׁה עֶדְרֵי [d]־צֹאן רֹבְצִים [e] עָלֶיהָ [f]

כִּי מִן־הַבְּאֵר הַהִוא יַשְׁקוּ [g] הָעֲדָרִים

וְהָאֶבֶן [h] גְּדֹלָה עַל־פִּי [k] הַבְּאֵר׃

וְנֶאֶסְפוּ [l]־שָׁמָּה כָל־הָעֲדָרִים

וְגָלֲלוּ [l] אֶת־הָאֶבֶן מֵעַל פִּי הַבְּאֵר

וְהִשְׁקוּ[g][l] אֶת־הַצֹּאן

וְהֵשִׁיבוּ[l][m] אֶת־הָאֶבֶן עַל־פִּי הַבְּאֵר לִמְקֹמָהּ׃[n]

וַיֹּאמֶר לָהֶם[o] יַעֲקֹב אַחַי[p] מֵאַיִן[q] אַתֶּם

וַיֹּאמְרוּ מֵחָרָן אֲנָחְנוּ׃

וַיֹּאמֶר לָהֶם[o] הַיְדַעְתֶּם[r] אֶת־לָבָן בֶּן־נָחוֹר

וַיֹּאמְרוּ יָדָעְנוּ׃[s]

וַיֹּאמֶר לָהֶם הֲשָׁלוֹם[r] לוֹ

וַיֹּאמְרוּ שָׁלוֹם וְהִנֵּה רָחֵל בִּתּוֹ[t] בָּאָה[u] עִם־הַצֹּאן׃

[a] § 15, *q*. [b] § 15, *e*.

[c] אֶרֶץ, with accus. ending to mark *motion towards*.

[d] עֵדֶר, segholate 1st guttural, Gr. p. 60, Rem. 1.

[e] Ptcp. = "were lying;" Gr. p. 149 (*a*).

[f] עַל before; § 9, *b*.

[g] Hif. impf. frequent. שָׁקָה; Gr. p. 141, B (*a*).

[h] This word is the predicate, being *without* the article; Gr. p. 126, *ad fin*.

[k] Constr. of פֶּה; Gr. p. 66, *ad init*.

[l] Pff. with waw conv., continuing impf. frequent.: "and all the flocks used to meet there, and men used to (*or* would) roll;" Gr. p. 148 (*c*).

[m] Hif. pf. שׁוּב; ע״ו, Gr. p. 94.

[n] מָקוֹם. [o] Gr. p. 47, 2.

[p] Gr. p. 65, *ad init*. [q] "Whence?"

[r] Inter. part., *an novistis?* יָדַע, Gr. p. 112, note.

[s] Notice the *pausal* vowel.

[t] בַּת, Gr. p. 65.

[u] Fem. *ptcp.*, as the accent shows; Gr. p. 97, Rem. 4.

§ 18.

Ya'ăqôb Prays to be Delivered from the Hand of 'Esaw.

וַיֹּאמֶר֮ יַעֲקֹב֒

אֱלֹהֵי֙ אָבִי אַבְרָהָם וֵאלֹהֵי [a] אָבִי יִצְחָק

יְהוָ֞ה הָאֹמֵר [b] אֵלַי [c] שׁוּב לְאַרְצְךָ וּלְמוֹלַדְתְּךָ [d]

וְאֵיטִיבָה [e] עִמָּךְ׃

קָטֹנְתִּי [f] מִכֹּל הַחֲסָדִים֙ וּמִכָּל־הָאֱמֶת

אֲשֶׁר עָשִׂיתָ אֶת־עַבְדֶּךָ [g]

כִּי בְמַקְלִי [h] עָבַרְתִּי֙ אֶת־הַיַּרְדֵּן [k] הַזֶּה

וְעַתָּה הָיִיתִי לִשְׁנֵי מַחֲנוֹת׃ [l]

הַצִּילֵנִי [m] נָא מִיַּד אָחִי מִיַּד עֵשָׂו

כִּי־יָרֵא [n] אָנֹכִי֙ אֹתוֹ פֶּן־יָבוֹא וְהִכַּנִי [o] אֵם עַל־בָּנִים׃

[a] Notice this contraction from וֶאֱלֹ; Gr. p. 26 (*b*).

[b] Gr. p. 149 (*a*), *ad fin.* "Who didst say, *or* keep saying;" the ptcp. marks unbroken continuance during a certain time. Or it may be present; "who ever sayest," etc.

[c] Gr. p. 48, 5.

[d] מוֹלֶדֶת, segh. noun.

[e] "That I may deal kindly;" יֵיטִב, Gr. p. 91. As to the construction, see Gr. p. 144, 3.

[f] Gr. p. 137, 1; "I am too small for," = "I am unworthy of."

[g] More usually עָשָׂה חֶסֶד עִם־ he showed kindness to.

[h] "With my staff," מַקְלִי; note absence of daghesh, see Ex. 25.

[k] Proper name, str. an epithet, and therefore with article.

[l] מַחֲנֶה.

[m] פ"ן, hif. imperat.

[n] Ptcp. of *stative* verb; Gr. p. 72, גָּדֵל.

[o] פ"ן verb; hif. pf. of נָכָה, Gr. p. 109, *ad fin.* The final ה elided before suffix. The pf. with waw conv. continues the impf. as in § 17, *l*. "Lest he come and smite me, mother upon children;" upon = after, in addition to, like ἐπὶ with dative.

§ 19.

The Brothers Meet.

וַיִּשָּׂא יַעֲקֹב עֵינָיו וַיַּרְא וְהִנֵּה־עֵשָׂו בָּא [a]
וְעִמּוֹ אַרְבַּע מֵאוֹת אִישׁ [b]
וַיַּחַץ [c] אֶת־הַיְלָדִים עַל־לֵאָה [d] וְעַל־רָחֵל וְעַל שְׁתֵּי הַשְּׁפָחוֹת׃ [e]
וַיָּשֶׂם אֶת־הַשְּׁפָחוֹת וְאֶת־יַלְדֵיהֶן רִאשֹׁנָה [f]
וְאֶת־לֵאָה וִילָדֶיהָ אַחֲרֹנִים

READINGS FROM THE OLD TESTAMENT. 89

וְאֶת־רָחֵל וְאֶת־יוֹסֵף אַחֲרֹנִים׃

וְהוּא [g] עָבַר לִפְנֵיהֶם [h]

וַיִּשְׁתַּחוּ [k] אַרְצָה [l] שֶׁבַע פְּעָמִים עַד־גִּשְׁתּוֹ [m] עַד־אָחִיו׃

וַיָּרָץ [n] עֵשָׂו לִקְרָאתוֹ [o] וַיְחַבְּקֵהוּ

וַיִּפֹּל [p] עַל־צַוָּארָו וַיִּשָּׁקֵהוּ [p] וַיִּבְכּוּ׃ [q]

וַיִּשָּׂא אֶת־עֵינָיו וַיַּרְא אֶת־הַנָּשִׁים [r] וְאֶת־הַיְלָדִים

וַיֹּאמֶר מִי־אֵלֶּה לָּךְ

וַיֹּאמַר הַיְלָדִים אֲשֶׁר־חָנַן [s] אֱלֹהִים אֶת־עַבְדֶּךָ׃

וַתִּגַּשְׁןָ [p] הַשְּׁפָחוֹת הֵנָּה וְיַלְדֵיהֶן וַתִּשְׁתַּחֲוֶיןָ׃ [k]

וַתִּגַּשׁ [p] גַּם־לֵאָה וִילָדֶיהָ וַיִּשְׁתַּחֲווּ [k]

וְאַחַר [p] נִגַּשׁ יוֹסֵף וְרָחֵל וַיִּשְׁתַּחֲווּ׃

[a] Ptcp. of בּוֹא; "was coming."

[b] See Gr. p. 138, 3, 4.

[c] הָצָה; shortened form of impf. יֶחֱצֶה.

[d] "By, *or* with."

[e] שִׁפְחָה.

[f] "First, in front;" adv.

[g] *Ipse.*

[h] לִפְנֵי at face of, before.

[k] § 11, *n.*

[l] See § 17, *c;* here = to the ground, χαμάζε.

[m] פ״ן, inf. with suffix, Gr. p. 89.

[n] רוּץ.

[o] "To meet him;" inf. constr. fem. form of קָרָא.

[p] פ״ן.

[q] ל״ה.

[r] אִשָּׁה, Gr. p. 65.

[s] "He gave, bestowed," with accus. of person and thing.

§ 20.

Yósêf sold by his Brothers.

וַיְהִי כַּאֲשֶׁר[a]־בָּא יוֹסֵף אֶל־אֶחָיו
וַיַּפְשִׁיטוּ אֶת־יוֹסֵף אֶת־כֻּתָּנְתּוֹ[b]
אֶת־כְּתֹנֶת הַפַּסִּים אֲשֶׁר עָלָיו׃
וַיִּקָּחֻהוּ וַיַּשְׁלִכוּ אֹתוֹ הַבֹּרָה[c]
וְהַבּוֹר רֵק[d] אֵין בּוֹ מָיִם׃
וַיֵּשְׁבוּ[e] לֶאֱכָל־לֶחֶם וַיִּשְׂאוּ[f] עֵינֵיהֶם וַיִּרְאוּ[g]
וְהִנֵּה אֹרְחַת יִשְׁמְעֵאלִים בָּאָה[h] מִגִּלְעָד
וּגְמַלֵּיהֶם נֹשְׂאִים נְכֹאת וּצְרִי וָלֹט
הוֹלְכִים לְהוֹרִיד[k] מִצְרָיְמָה׃[l]
וַיֹּאמֶר יְהוּדָה אֶל־אֶחָיו
מַה־בֶּצַע כִּי נַהֲרֹג אֶת־אָחִינוּ וְכִסִּינוּ[m] אֶת־דָּמוֹ׃
לְכוּ[n] וְנִמְכְּרֶנּוּ[o] לַיִּשְׁמְעֵאלִים וְיָדֵנוּ אַל־תְּהִי[p]־בוֹ
כִּי־אָחִינוּ בְשָׂרֵנוּ הוּא
וַיִּשְׁמְעוּ אֶחָיו׃
וַיַּעַבְרוּ אֲנָשִׁים מִדְיָנִים סֹחֲרִים

וַיִּמְשְׁכוּ וַיַּעֲלוּ [q] אֶת־יוֹסֵף מִן־הַבּוֹר
וַיִּמְכְּרוּ אֶת־יוֹסֵף לַיִּשְׁמְעֵאלִים בְּעֶשְׂרִים כָּסֶף [r]
וַיָּבִיאוּ [s] אֶת־יוֹסֵף מִצְרָיְמָה׃

[a] "When."

[b] Notice this word; the abs. is כְּתֹנֶת. The next word is the usual constr.; cf. χιτών, and our word "cotton."

[c] בּוֹר, with acc. ending, "into the pit."

[d] Equals רֵיק; defective writing, Gr. p. 10, 7.

[e] פ״י verb.

[f] פ״ן; the nun first assimilated, and then dropped, because a mere sh'wa follows, Gr. p. 23, note 1.

[g] ל״ה verb.

[h] Is this pf. or ptcp.? see Gr. p. 97, Rem. 4.

[k] פ״י, hif. inf.

[l] *Miçràyim*, Egypt; accus. ending, marking *motion to*.

[m] כָּסָה; the pf. with waw conv. continuing impf. *nahărōg*.

[n] הלך. [o] מָכַר.

[p] הָיָה, Gr. p. 108.

[q] *Hif.* impf. עָלָה; the qal impf. has the same form, יַעֲלֶה.

[r] See Gr. p. 139, note 1; "twenty sheqels of silver."

[s] Hif. בּוֹא, Gr. p. 107.

§ 21.

The Dream of the Fat and Lean Kine.

וַיְהִי מִקֵּץ[a] שְׁנָתַיִם[b] יָמִים[c]

וּפַרְעֹה חֹלֵם[d] וְהִנֵּה עֹמֵד[d] עַל־הַיְאֹר:

וְהִנֵּה מִן־הַיְאֹר עֹלֹת[d] שֶׁבַע פָּרוֹת

יְפוֹת[f] מַרְאֶה[e] וּבְרִיאֹת[f] בָּשָׂר[e]

וַתִּרְעֶינָה[g] בָּאָחוּ:

וְהִנֵּה שֶׁבַע פָּרוֹת אֲחֵרוֹת עֹלוֹת אַחֲרֵיהֶן מִן־הַיְאֹר

רָעוֹת[h] מַרְאֶה וְדַקּוֹת בָּשָׂר

וַתַּעֲמֹדְנָה אֵצֶל הַפָּרוֹת עַל־שְׂפַת הַיְאֹר:

וַתֹּאכַלְנָה הַפָּרוֹת רָעוֹת הַמַּרְאֶה וְדַקֹּת הַבָּשָׂר

אֵת שֶׁבַע הַפָּרוֹת יְפֹת הַמַּרְאֶה וְהַבְּרִיאֹת

וַיִּיקַץ[k] פַּרְעֹה:

[a] מִקֵּץ *a fine*, at the end.

[b c] Gr. p. 132 (*a*).

[d] Ptcp., "was dreaming," etc. עֹלֹת, § 20, *q*.

[e] Gr. p. 135, gen. of ref.

[f] יָפֶה, בָּרִיא; the qameç is only *pretonic*, and therefore vanishes in constr.

[g] ל״ה.

[h] רָע bad, = רַעְעְ; therefore the qameç is kept, being compensative.

[k] פ״י, like יָרַשׁ, Gr. p. 90.

The Dream of the Full and Thin Ears of Corn.

וַיִּישָׁן [l] וַיַּחֲלֹם שֵׁנִית

וְהִנֵּה ׀ שֶׁבַע שִׁבֳּלִים [m] עֹלוֹת בְּקָנֶה אֶחָד בְּרִיאוֹת וְטֹבוֹת׃

וְהִנֵּה שֶׁבַע שִׁבֳּלִים דַּקּוֹת וּשְׁדוּפֹת [n] קָדִים צֹמְחוֹת אַחֲרֵיהֶן׃

וַתִּבְלַעְנָה הַשִּׁבֳּלִים הַדַּקּוֹת אֵת שֶׁבַע הַשִּׁבֳּלִים

הַבְּרִיאוֹת וְהַמְּלֵאוֹת

וַיִּיקַץ [l] פַּרְעֹה וְהִנֵּה חֲלוֹם׃

וַיְהִי בַבֹּקֶר וַתִּפָּעֶם [o] רוּחוֹ

וַיִּשְׁלַח וַיִּקְרָא אֶת־כָּל־חַרְטֻמֵּי [p] מִצְרַיִם וְאֶת־כָּל־חֲכָמֶיהָ

וַיְסַפֵּר [q] פַּרְעֹה לָהֶם אֶת־חֲלֹמוֹ

וְאֵין־פּוֹתֵר אוֹתָם לְפַרְעֹה׃

[l] פ״י, like ירשׁ, Gr. p. 90; the qameç is *pausal*.

[m] Look out שִׁבֹּלֶת.

[n] A passive ptcp. followed by a gen.; Gr. p. 135, near end.

[o] See Gr. p. 147, note 3, for the accentuation and seghol. [p] חַרְטֻמִּים sacred Scribes.

[q] Why is not the yod doubled? Gr. p. 23, note 1.

§ 22.

The Two Dreams Interpreted.

וַיֹּאמֶר פַּרְעֹה אֶל־יוֹסֵף חֲלוֹם חָלַמְתִּי וּפֹתֵר אֵין אֹתוֹ
וַאֲנִי שָׁמַעְתִּי עָלֶיךָ[a] לֵאמֹר תִּשְׁמַע[b] חֲלוֹם לִפְתֹּר אֹתוֹ׃
וַיַּעַן[c] יוֹסֵף אֶת־פַּרְעֹה לֵאמֹר בִּלְעָדָי[d]
אֱלֹהִים יַעֲנֶה אֶת־שְׁלוֹם פַּרְעֹה׃
וַיֹּאמֶר יוֹסֵף אֶל־פַּרְעֹה חֲלוֹם פַּרְעֹה אֶחָד הוּא
אֵת אֲשֶׁר הָאֱלֹהִים עֹשֶׂה[e] הִגִּיד[f] לְפַרְעֹה׃
שֶׁבַע פָּרֹת הַטֹּבֹת שֶׁבַע שָׁנִים[g] הֵנָּה
וְשֶׁבַע הַשִּׁבֳּלִים הַטֹּבֹת שֶׁבַע שָׁנִים הֵנָּה
חֲלוֹם אֶחָד הוּא׃
וְשֶׁבַע הַפָּרוֹת הָרַקּוֹת וְהָרָעֹת הָעֹלֹת אַחֲרֵיהֶן
שֶׁבַע שָׁנִים הֵנָּה
וְשֶׁבַע הַשִּׁבֳּלִים הָרֵקוֹת שְׁדֻפוֹת הַקָּדִים
יִהְיוּ שֶׁבַע שְׁנֵי רָעָב׃
הוּא הַדָּבָר אֲשֶׁר דִּבַּרְתִּי אֶל־פַּרְעֹה
אֲשֶׁר הָאֱלֹהִים עֹשֶׂה הֶרְאָה[h] אֶת־פַּרְעֹה׃
הִנֵּה שֶׁבַע שָׁנִים בָּאוֹת
שָׂבָע גָּדוֹל בְּכָל־אֶרֶץ מִצְרָיִם׃
וְקָמוּ שֶׁבַע שְׁנֵי רָעָב אַחֲרֵיהֶן
וְנִשְׁכַּח כָּל־הַשָּׂבָע בְּאֶרֶץ מִצְרָיִם
וְכִלָּה הָרָעָב אֶת־הָאָרֶץ׃

וְלֹא־יִוָּדַע הַשָּׂבָע בָּאָרֶץ מִפְּנֵי הָרָעָב הַהוּא אַחֲרֵי־כֵן
כִּי־כָבֵד הוּא מְאֹד:
וְעַל ^{k} הִשָּׁנוֹת הַחֲלוֹם אֶל־פַּרְעֹה פַּעֲמָיִם
כִּי־נָכוֹן ^{l} הַדָּבָר מֵעִם הָאֱלֹהִים
וּמְמַהֵר הָאֱלֹהִים לַעֲשֹׂתוֹ:

a 'alèyka, upon, i.e., concerning thee.

b Potential, "thou canst understand."

c Wayya'an, עָנָה.

d bil'aday, Not I!

e Ptcp. = *facturus sit.* So below, ba'óth = *venturæ sunt*; m'mahér, *festinaturus*.

f Higgid, פ"ן.   *g* שָׁנָה.

h her'á, רָאָה, hif.; seghol before guttural, as the *nearer* vowel. Gr. p. 24, *b*.

k "And upon (*i.e.*, as to) the dream's changing to Par'ó twice;" שָׁנָה.

l "Surely (*or* because) the matter is decreed;" nif. pf. כּוּן.

§ 23.

The Burning Bush.

וּמֹשֶׁה הָיָה ^{a} רֹעֶה אֶת־צֹאן יִתְרוֹ חֹתְנוֹ כֹּהֵן מִדְיָן
וַיִּנְהַג אֶת־הַצֹּאן אַחַר הַמִּדְבָּר
וַיָּבֹא אֶל־הַר הָאֱלֹהִים חֹרֵבָה: ^{b}

וַיֵּרָא[c] מַלְאַךְ יְהוָה אֵלָיו בְּלַבַּת־אֵשׁ מִתּוֹךְ הַסְּנֶה

וַיַּרְא וְהִנֵּה הַסְּנֶה בֹּעֵר[d] בָּאֵשׁ

וְהַסְּנֶה אֵינֶנּוּ אֻכָּל׃[e]

וַיֹּאמֶר מֹשֶׁה

אָסֻרָה[f]־נָּא וְאֶרְאֶה אֶת־הַמַּרְאֶה הַגָּדֹל הַזֶּה

מַדּוּעַ לֹא־יִבְעַר[g] הַסְּנֶה׃

וַיַּרְא יְהוָה כִּי סָר[h] לִרְאוֹת[k]

וַיִּקְרָא אֵלָיו אֱלֹהִים מִתּוֹךְ הַסְּנֶה

וַיֹּאמֶר מֹשֶׁה מֹשֶׁה וַיֹּאמֶר הִנֵּנִי׃

וַיֹּאמֶר אַל־תִּקְרַב הֲלֹם[l]

שַׁל[m]־נְעָלֶיךָ מֵעַל רַגְלֶיךָ

כִּי הַמָּקוֹם אֲשֶׁר אַתָּה עוֹמֵד עָלָיו אַדְמַת־קֹדֶשׁ הוּא׃

[a] See § 1, *d.* *Haya*, with ptcp.; "and Móshè had turned shepherd to the flock . . . and he led the flock . . ."

[b] "To Ḥoréb."

[c] Shortened from יֵרָאֶה, § 3, *c*.

[d] Ptcp., "was burning."

[e] Ptcpl. form = מְאֻכָּל.

[f] סוּר.

[g] "Why does not the bush catch fire?" Impf. *inceptive;* Gr. p. 141, 2.

[h] Pf. = plupf.

[k] ל״ה verb.

Adverb; Gr. p. 113.

[m] Verb פ״ן.

§ 24.

Móshè charged to threaten Par'ó.

וַיֹּאמֶר יְהוָֹה אֶל־מֹשֶׁה הַשְׁכֵּם [a] בַּבֹּקֶר וְהִתְיַצֵּב [b] לִפְנֵי פַרְעֹה
וְאָמַרְתָּ [c] אֵלָיו כֹּה־אָמַר יְהוָֹה אֱלֹהֵי הָעִבְרִים
שַׁלַּח אֶת־עַמִּי וְיַעַבְדֻנִי׃ [d]
כִּי ׀ בַּפַּעַם הַזֹּאת אֲנִי שֹׁלֵחַ [e] אֶת־כָּל־מַגֵּפֹתַי אֶל־לִבְּךָ [f]
וּבַעֲבָדֶיךָ וּבְעַמֶּךָ
בַּעֲבוּר [g] תֵּדַע [h] כִּי אֵין כָּמֹנִי [k] בְּכָל־הָאָרֶץ׃
כִּי עַתָּה שָׁלַחְתִּי אֶת־יָדִי
וָאַךְ [l] אוֹתְךָ וְאֶת־עַמְּךָ בַּדָּבֶר [m]
וַתִּכָּחֵד מִן־הָאָרֶץ׃
וְאוּלָם בַּעֲבוּר [g] זֹאת הֶעֱמַדְתִּיךָ
בַּעֲבוּר [g] הַרְאֹתְךָ [n] אֶת־כֹּחִי
וּלְמַעַן סַפֵּר שְׁמִי בְּכָל־הָאָרֶץ׃
עוֹדְךָ מִסְתּוֹלֵל [o] בְּעַמִּי לְבִלְתִּי שַׁלְּחָם׃
הִנְנִי מַמְטִיר [p] כָּעֵת [q] מָחָר בָּרָד כָּבֵד מְאֹד
אֲשֶׁר לֹא־הָיָה כָמֹהוּ [r] בְּמִצְרַיִם [s]
לְמִן [s]־הַיּוֹם הִוָּסְדָה [t] וְעַד־עָתָּה׃

^a See § 15, m.   ^b § 9, b.

^c Note the accent.

^d "That they may serve, *or* to serve me;" Gr. p. 144, 3.

^e Ptcp., = *missurus sum*, "I am about to send."

^f Thy heart = thyself; Gr. p. 49, 8.

^g Final conj., "to the end that . . .;" strictly a prep. = on account of . . ., as below; בַּאֲשֶׁר would be fuller.

^h Impf. of ידע.

^k Gr. p. 49, 7.

^l Gr. p. 109, *ad. fin.*

^m Qameç for seghol in pause.

ⁿ § 22, h.

^o A question; "Wilt thou still resist my people so as not to dismiss them?" סָלַל *raise a mound against* (in sieges); ptcp. hithpoʻel.

^p As to ptcps. see § 22, e.

^q "At this time;" art. demonstr., Gr. p. 43.

^r *ʼăsher* . . . *kamóhu,* "like which" (that . . . like it), Gr. p. 127, 5, *seq.*

^s Notice the compound prep. = (going back) to (and starting) from the day of its founding; יסד, inf. nif. with suff. 3 f.

^t *Miçrayim* used as name of the *country;* therefore the infin. has a *fem.* suffix, the construction being *according to the sense.*

§ 25.

Par'ó changes his mind and pursues Yisrá'él.

וַיֻּגַּד[a] לְמֶלֶךְ מִצְרַיִם כִּי בָרַח הָעָם
וַיֵּהָפֵךְ לְבַב פַּרְעֹה וַעֲבָדָיו אֶל־הָעָם
וַיֹּאמְרוּ מַה־זֹּאת עָשִׂינוּ
כִּי־שִׁלַּחְנוּ אֶת־יִשְׂרָאֵל מֵעָבְדֵנוּ׃ [b]
וַיִּרְדְּפוּ מִצְרַיִם אַחֲרֵיהֶם
וַיַּשִּׂיגוּ אוֹתָם חֹנִים[c] עַל־הַיָּם
כָּל־סוּס[d] רֶכֶב פַּרְעֹה וּפָרָשָׁיו וְחֵילוֹ
עַל־פִּי הַחִירֹת לִפְנֵי בַּעַל צְפֹן׃
וּפַרְעֹה הִקְרִיב
וַיִּשְׂאוּ[e] בְנֵי־יִשְׂרָאֵל אֶת־עֵינֵיהֶם וְהִנֵּה מִצְרַיִם ׀ נֹסֵעַ אַחֲרֵיהֶם
וַיִּירְאוּ[f] מְאֹד וַיִּצְעֲקוּ בְנֵי־יִשְׂרָאֵל אֶל־יְהוָה׃
וַיֹּאמְרוּ אֶל־מֹשֶׁה
הֲמִבְּלִי[g] אֵין־קְבָרִים בְּמִצְרַיִם לְקַחְתָּנוּ לָמוּת בַּמִּדְבָּר
מַה־זֹּאת עָשִׂיתָ לָּנוּ לְהוֹצִיאָנוּ[f] מִמִּצְרָיִם׃
הֲלֹא־זֶה הַדָּבָר אֲשֶׁר דִּבַּרְנוּ אֵלֶיךָ בְמִצְרַיִם לֵאמֹר
חֲדַל מִמֶּנּוּ וְנַעַבְדָה[h] אֶת־מִצְרָיִם
כִּי טוֹב לָנוּ עֲבֹד אֶת־מִצְרַיִם מִמֻּתֵנוּ[k] בַּמִּדְבָּר׃
וַיֹּאמֶר מֹשֶׁה אֶל־הָעָם אַל־תִּירָאוּ[l f]

הִתְיַצְּבוּ וּרְאוּ אֶת־יְשׁוּעַת יְהוָה אֲשֶׁר־יַעֲשֶׂה לָכֶם הַיּוֹם
כִּי אֲשֶׁר רְאִיתֶם אֶת־מִצְרַיִם הַיּוֹם [m]
לֹא תֹסִפוּ [n] לִרְאֹתָם עוֹד עַד־עוֹלָם׃
יְהוָה יִלָּחֵם לָכֶם וְאַתֶּם תַּחֲרִשׁוּן׃ [o]

[a] פ"ן.

[b] עָבַר, inf. constr. with suffix and prefix.

[c] Ptcp. ל"ה.

[d] Collectives; ἡ ἵππος.

[e] § 20, *f*. [f] פ"י.

[g] *Mibbeli* = from lack; *'éyn* strengthens the idea of want: lit., "from the lack of (*i.e.*, consisting in) the want of graves." Translate: "Was it for want of graves . . ."

[h] Cohortative = purpose.

[k] "Rather than our dying;" מוּת, inf. constr.

[l] Pausal form of תִּירְאוּ.

[m] "To-day."

[n] See Gr. p. 154, (*a*), (*b*).

[o] Fuller form in pause.

§ 26.

God's Angel guards His People.
They pass the Sea; and the Pursuer is drowned in the Waters.

וַיִּסַּע [a] מַלְאַךְ הָאֱלֹהִים הַהֹלֵךְ לִפְנֵי מַחֲנֵה יִשְׂרָאֵל

וַיֵּלֶךְ מֵאַחֲרֵיהֶם [b]

וַיִּסַּע עַמּוּד הֶעָנָן מִפְּנֵיהֶם וַיַּעֲמֹד מֵאַחֲרֵיהֶם׃

וַיָּבֹא בֵּין ׀ מַחֲנֵה מִצְרַיִם וּבֵין מַחֲנֵה יִשְׂרָאֵל

וַיְהִי הֶעָנָן וְהַחֹשֶׁךְ וַיָּאֶר [c] אֶת־הַלָּיְלָה

וְלֹא־קָרַב זֶה [d] אֶל־זֶה כָּל־הַלָּיְלָה׃

וַיֵּט [e] מֹשֶׁה אֶת־יָדוֹ עַל־הַיָּם

וַיּוֹלֶךְ [f] יְהוָה אֶת־הַיָּם בְּרוּחַ קָדִים עַזָּה כָּל־הַלַּיְלָה

וַיָּשֶׂם [g] אֶת־הַיָּם לֶחָרָבָה

וַיִּבָּקְעוּ הַמָּיִם׃

וַיָּבֹאוּ בְנֵי־יִשְׂרָאֵל בְּתוֹךְ הַיָּם בַּיַּבָּשָׁה

וְהַמַּיִם לָהֶם חוֹמָה מִימִינָם [h] וּמִשְּׂמֹאלָם׃

וַיִּרְדְּפוּ מִצְרַיִם וַיָּבֹאוּ אַחֲרֵיהֶם

כֹּל סוּס פַּרְעֹה רִכְבּוֹ וּפָרָשָׁיו אֶל־תּוֹךְ הַיָּם׃

וַיְהִי בְּאַשְׁמֹרֶת הַבֹּקֶר

וַיַּשְׁקֵף יְהוָה אֶל־מַחֲנֵה מִצְרַיִם בְּעַמּוּד אֵשׁ וְעָנָן [k]

וַיָּהָם אֵת מַחֲנֵה מִצְרָיִם׃

וַיָּסַר [l] אֵת אֹפַן מַרְכְּבֹתָיו וַיְנַהֲגֵהוּ [m] בִּכְבֵדֻת

וַיֹּאמֶר מִצְרַיִם אָנוּסָה [n] מִפְּנֵי יִשְׂרָאֵל

כִּי יְהוָה נִלְחָם לָהֶם בְּמִצְרָיִם׃

וַיֹּאמֶר יְהוָה אֶל־מֹשֶׁה נְטֵה אֶת־יָדְךָ עַל־הַיָּם

וְיָשֻׁבוּ הַמַּיִם עַל־מִצְרַיִם עַל־רִכְבּוֹ וְעַל־פָּרָשָׁיו׃

וַיֵּט מֹשֶׁה אֶת־יָדוֹ עַל־הַיָּם

וַיָּשָׁב הַיָּם לִפְנוֹת [o] בֹּקֶר לְאֵיתָנוֹ
וּמִצְרַיִם נָסִים [p] לִקְרָאתוֹ
וַיְנַעֵר אֲדֹנָי אֶת־מִצְרַיִם בְּתוֹךְ הַיָּם׃

[a] פ"ן.

[b] *A tergo eorum*, "behind them."

[c] "But it lit up the night;" אור, hif. impf.

[d] *zè . . . zè, hic . . . ille*, "the one . . . the other."

[e] נָטָה; Gr. p. 109, *ad fin.*

[f] הלך, hif.

[g] שִׂים; "and set (*i.e.*, made) the sea into dry land."

[h] *A dextra eorum. Min + y^e minam = miyy^e minam = miminam* (one *y* disappearing because of sh^ewa).

[k] הָמַם. [l] סור, hif. impf.

[m] "And he drove it;" subject and suffix are both collective.

[n] "I would fain flee!" Gr. p. 143, 2.

[o] פנה; "at the turning of dawn," = at daybreak.

[p] Ptcp., "were fleeing towards it," *i.e.*, the returning flood.

§ 27.

The Dying Prophet adjures Yisrā'ēl to Refuse the Evil, and Choose the Good.

כִּי הַמִּצְוָה הַזֹּאת אֲשֶׁר אָנֹכִי מְצַוְּךָ [a] הַיּוֹם

לֹא־נִפְלֵאת[b] הִוא מִמְּךָ[c] וְלֹא־רְחֹקָה הִוא׃
לֹא בַשָּׁמַיִם הִוא
לֵאמֹר[d] מִי יַעֲלֶה־לָּנוּ הַשָּׁמַיְמָה וְיִקָּחֶהָ לָּנוּ
וְיַשְׁמִעֵנוּ אֹתָהּ וְנַעֲשֶׂנָּה׃
וְלֹא־מֵעֵבֶר[e] לַיָּם הִוא
לֵאמֹר מִי יַעֲבָר־לָנוּ אֶל־עֵבֶר הַיָּם וְיִקָּחֶהָ לָּנוּ
וְיַשְׁמִעֵנוּ אֹתָהּ וְנַעֲשֶׂנָּה׃
כִּי־קָרוֹב אֵלֶיךָ הַדָּבָר מְאֹד
בְּפִיךָ וּבִלְבָבְךָ[f] לַעֲשֹׂתוֹ׃
רְאֵה נָתַתִּי לְפָנֶיךָ הַיּוֹם אֶת־הַחַיִּים וְאֶת־הַטּוֹב
וְאֶת־הַמָּוֶת וְאֶת־הָרָע׃
אֲשֶׁר אָנֹכִי מְצַוְּךָ הַיּוֹם
לְאַהֲבָה[g] אֶת־יְהוָה אֱלֹהֶיךָ לָלֶכֶת[g] בִּדְרָכָיו
וְלִשְׁמֹר מִצְוֺתָיו וְחֻקֹּתָיו וּמִשְׁפָּטָיו
וְחָיִיתָ[h] וְרָבִיתָ וּבֵרַכְךָ יְהוָה אֱלֹהֶיךָ
בָּאָרֶץ אֲשֶׁר־אַתָּה בָא־שָׁמָּה[k] לְרִשְׁתָּהּ׃[l]
וְאִם־יִפְנֶה לְבָבְךָ וְלֹא תִשְׁמָע
וְנִדַּחְתָּ[m] וְהִשְׁתַּחֲוִיתָ[n] לֵאלֹהִים אֲחֵרִים וַעֲבַדְתָּם׃
הִגַּדְתִּי[m] לָכֶם הַיּוֹם כִּי אָבֹד תֹּאבֵדוּן[o]
לֹא־תַאֲרִיכֻן יָמִים עַל־הָאֲדָמָה
אֲשֶׁר אַתָּה עֹבֵר אֶת־הַיַּרְדֵּן לָבוֹא שָׁמָּה לְרִשְׁתָּהּ׃[l]
הַעִדֹתִי[p] בָכֶם הַיּוֹם אֶת־הַשָּׁמַיִם וְאֶת־הָאָרֶץ

הַחַיִּים וְהַמָּוֶת נָתַתִּי לְפָנֶיךָ הַבְּרָכָה וְהַקְּלָלָה
וּבָחַרְתָּ [q] בַּחַיִּים לְמַעַן תִּחְיֶה אַתָּה וְזַרְעֶךָ׃

[a] Pi. ptcp., צוה.

[b] Nif. ptcp. f., contraction of נִפְלֶאֶת.

[c] "It is hard above thee," = too hard for thee; Gr. p. 137, 1.

[d] "So as to say," = that thou shouldst say.

[e] *meʿéber layyám*, lit., ἐν τῷ πέραν τῇ θαλασσῇ = beyond the sea.

[f] "For the doing it," = that thou mayest do it.

[g] Infs. constr. אָהַב, הלך.

[h] "That thou mayst live."

[k] Ptcp., "art going."

[l] יָרַשׁ. [m] פ״ן.

[n] § 11, *n*.

[o] Emphatic repetition of stem, a device akin to reduplication. "Ye shall surely perish." Notice the pausal *tobēdún* = תֹּאבֵדוּ.

[p] Hif. עוד.

[q] Waw conv., "So choose thou life!"

§ 28.

Battle of Bethḥoron.

"*The sun, the moon stood still in their sphere;*
In the blaze of thine arrows they vanished."

וַיִּשְׁלְחוּ אַנְשֵׁי [a] גִבְעוֹן אֶל־יְהוֹשֻׁעַ אֶל־הַמַּחֲנֶה

הַגִּלְגָּלָה [b] לֵאמֹר

אַל־תֶּרֶף [c] יָדֶיךָ מֵעֲבָדֶיךָ

עֲלֵה אֵלֵינוּ מְהֵרָה וְהוֹשִׁיעָה [d] לָּנוּ וְעָזְרֵנוּ

כִּי נִקְבְּצוּ אֵלֵינוּ כָּל־מַלְכֵי הָאֱמֹרִי יֹשְׁבֵי הָהָר׃

וַיַּעַל [e] יְהוֹשֻׁעַ מִן־הַגִּלְגָּל

הוּא וְכָל־עַם הַמִּלְחָמָה עִמּוֹ וְכֹל גִּבּוֹרֵי הֶחָיִל׃ [f]

וַיֹּאמֶר יְהוָה אֶל־יְהוֹשֻׁעַ

אַל־תִּירָא מֵהֶם כִּי בְיָדְךָ [g] נְתַתִּים

לֹא־יַעֲמֹד אִישׁ מֵהֶם בְּפָנֶיךָ׃

וַיָּבֹא אֲלֵיהֶם יְהוֹשֻׁעַ פִּתְאֹם

כָּל־הַלַּיְלָה עָלָה מִן־הַגִּלְגָּל׃

וַיְהֻמֵּם [h] יְהוָה לִפְנֵי יִשְׂרָאֵל

וַיַּכֵּם [l] מַכָּה־[m]גְדוֹלָה בְּגִבְעוֹן

וַיִּרְדְּפֵם דֶּרֶךְ [n] מַעֲלֵה בֵית־חוֹרֹן

וַיַּכֵּם עַד־עֲזֵקָה וְעַד־מַקֵּדָה׃

וַיְהִי בְּנוּסָם ׀ מִפְּנֵי יִשְׂרָאֵל הֵם [o] בְּמוֹרַד בֵּית־חוֹרֹן

וַיהוָה הִשְׁלִיךְ עֲלֵיהֶם אֲבָנִים גְּדֹלוֹת מִן־הַשָּׁמַיִם עַד־עֲזֵקָה וַיָּמֻתוּ

רַבִּים אֲשֶׁר־מֵתוּ [p] בְּאַבְנֵי הַבָּרָד

מֵאֲשֶׁר [q] הָרְגוּ בְּנֵי יִשְׂרָאֵל בֶּחָרֶב׃ [f]

אָז יְדַבֵּר [r] יְהוֹשֻׁעַ לַיהוָה

בְּיוֹם תֵּת [s] יְהוָה אֶת־הָאֱמֹרִי לִפְנֵי [t] בְּנֵי יִשְׂרָאֵל

וַיֹּאמֶר ׀ לְעֵינֵי יִשְׂרָאֵל
שֶׁמֶשׁ בְּגִבְעוֹן[u] דּוֹם
וְיָרֵחַ בְּעֵמֶק אַיָּלוֹן׃
וַיִּדֹּם הַשֶּׁמֶשׁ וְיָרֵחַ עָמָד עַד־יִקֹּם[w] גּוֹי אֹיְבָיו
הֲלֹא־הִיא כְתוּבָה עַל־סֵפֶר הַיָּשָׁר
וַיַּעֲמֹד הַשֶּׁמֶשׁ בַּחֲצִי הַשָּׁמַיִם
וְלֹא־אָץ[x] לָבוֹא כְּיוֹם[y] תָּמִים׃
וְלֹא[z] הָיָה כַּיּוֹם הַהוּא לְפָנָיו וְאַחֲרָיו
לִשְׁמֹעַ יְהוָה בְּקוֹל אִישׁ
כִּי יְהוָה נִלְחָם לְיִשְׂרָאֵל׃

[a] אִישׁ; Gr. p. 65.

[b] Accus. ending to mark *whither*.

[c] Hif. jussive of רָפָה.

[d] פ״י, hif. precative (imperat.).

[e] עָלָה.

[f] Notice the vowels (חַיִל army; חֶרֶב sword).

[g] The vowels imply the sing., the consonants the pl.; Gr. p. 14, note 4, *seq.*

[h] See § 26, *k*.

[i] פ״ן and ל״ה; Gr. p. 109, *ad fin.*

[m] Adverbial accus. of manner (cf. *servit servitutem*, etc.).

[n] Accus. of limitation; Gr. p. 132, 3; "By way of the ascent."

[o] "And it happened, in their flight from Yisrá'él, they were on the descent of Beth-ḥoron," etc.

[o] Pf. with middle E, מוּת.

[q] *Rabbim . . . meʼăsher*, = "more than those whom;" Gr. p. 137.

[r] Impf. *inceptive*, which אָז usually takes. "Then began to speak."

[s] נָתַן; Gr. p. 110.

[t] "To put before one," = to give into one's power.

[v] דָּמַם, ע״ע.

[w] פ״ן. עַד = עַד־אֲשֶׁר until that . . .

[x] אוּץ.

[y] "At perfect day," = when day was complete.

[z] "And it happened not, as on that day, before it or since, that Yahwè should hearken to voice of man" . . .

NOTE.—The sentences, *ʼAz yᵉdabbér . . . wayyómer lᵉʻeyney Yisráʼél*, are like Ex. xv. 1, and Ps. xviii. 1. They serve to introduce a poem, or a citation from a poem. The style of what follows is poetical, and the "Book of the Upright" (probably a collection of sacred lyrics) is named as its source.

§ 29.

Heaven and Earth must pass, but the Divine Deliverance shall endure.

The Prophet recalls the Passage of the Red Sea: so will Yahwè again save His People.

הַקְשִׁיבוּ אֵלַי עַמִּי

וּלְאוּמִּי [a] אֵלַי הַאֲזִינוּ
כִּי תוֹרָה מֵאִתִּי תֵצֵא [b]
וּמִשְׁפָּטִי לְאוֹר עַמִּים אַרְגִּיעַ׃
קָרוֹב צִדְקִי יָצָא יִשְׁעִי
וּזְרֹעַי עַמִּים יִשְׁפֹּטוּ
אֵלַי אִיִּים יְקַוּוּ [c]
וְאֶל־זְרוֹעִי יְיַחֵלוּן׃ [d]
שְׂאוּ [e] לַשָּׁמַיִם עֵינֵיכֶם
וְהַבִּיטוּ [e] אֶל־הָאָרֶץ מִתַּחַת
כִּי־שָׁמַיִם כֶּעָשָׁן נִמְלָחוּ
וְהָאָרֶץ כַּבֶּגֶד תִּבְלֶה
וְיֹשְׁבֶיהָ כְּמוֹ־כֵן [f] יְמוּתוּן
וִישׁוּעָתִי לְעוֹלָם תִּהְיֶה
וְצִדְקָתִי לֹא תֵחָת׃ [g]
שִׁמְעוּ אֵלַי יוֹדְעֵי צֶדֶק
עַם [h] תּוֹרָתִי בְלִבָּם
אַל־תִּירְאוּ חֶרְפַּת אֱנוֹשׁ
וּמִגִּדֻּפֹתָם אַל־תֵּחָתּוּ׃ [g]
כִּי כַבֶּגֶד יֹאכְלֵם עָשׁ
וְכַצֶּמֶר יֹאכְלֵם סָס
וְצִדְקָתִי לְעוֹלָם תִּהְיֶה
וִישׁוּעָתִי לְדוֹר דּוֹרִים׃

עוּרִי עוּרִי לִבְשִׁי־עֹז זְרוֹעַ יְהוָה
עוּרִי כִּימֵי [k] קֶדֶם דּוֹרוֹת עוֹלָמִים
הֲלוֹא אַתְּ־הִיא הַמַּחְצֶבֶת [l] רַהַב
מְחוֹלֶלֶת [m] תַּנִּין׃
הֲלוֹא אַתְּ־הִיא הַמַּחֲרֶבֶת יָם
מֵי תְּהוֹם רַבָּה
הַשָּׂמָה [n] מַעֲמַקֵּי־יָם
דֶּרֶךְ לַעֲבֹר גְּאוּלִים׃
וּפְדוּיֵי [o] יְהוָה יְשׁוּבוּן וּבָאוּ צִיּוֹן בְּרִנָּה
וְשִׂמְחַת עוֹלָם עַל־רֹאשָׁם
שָׂשׂוֹן וְשִׂמְחָה יַשִּׂיגוּן [e]
נָסוּ [p] יָגוֹן וַאֲנָחָה׃
אָנֹכִי אָנֹכִי הוּא מְנַחֶמְכֶם [q]
מִי־אַתְּ [r] וַתִּירְאִי מֵאֱנוֹשׁ יָמוּת [s]
וּמִבֶּן־אָדָם חָצִיר [t] יִנָּתֵן׃
וַתִּשְׁכַּח יְהוָה עֹשֶׂךָ
נוֹטֶה שָׁמַיִם וְיֹסֵד אָרֶץ
וַתְּפַחֵד תָּמִיד כָּל־הַיּוֹם
מִפְּנֵי חֲמַת הַמֵּצִיק [u]
כַּאֲשֶׁר [v] כּוֹנֵן לְהַשְׁחִית
וְאַיֵּה חֲמַת הַמֵּצִיק׃
מִהַר צֹעֶה לְהִפָּתֵחַ

וְלֹא־יָמוּת לַשַּׁחַת
וְלֹא יֶחְסַר לַחְמוֹ׃
וְאָנֹכִי יְהוָה אֱלֹהֶיךָ
רֹגַע [x] הַיָּם וַיֶּהֱמוּ גַּלָּיו
יְהוָה צְבָאוֹת שְׁמוֹ׃

[a] לְאֹם, like עֹמֶק, Gr. p. 62.

[b] פ״י.

[c] קוה.

[d] יחל, pi., pausal form.

[e] פ״ן.

[f] *kên*, "gnat;" cf. כִּנָּם, Part I., Ex. 8, 13.

[g] חתת, nif. impf.

[h] "The people in whose heart is my law."

[k] "As in the days of old." Gr. p. 132 (*b*).

[l] Hif. ptcp. חָצַב.

[m] Po'el ptcp. חָלַל.

[n] § 26, *g;* ptcp., here: "that made the deeps of the sea a path for the passage of the rescued."

[o] Pass. ptcp. qal of פדה.

[p] נום; pf. of future certainty, Gr. p. 140, 3.

[q] Pi. ptcp. of נחם.

[r] "Who art thou that thou fearedst."

[s] "Mortal man;" Gr. p. 142, note *ad init.*

[t] A relative clause; "grass he is made" = who is, etc

[v] Hif. ptcp. of צוק.

[w] "When he had resolved to destroy;" כון.

[x] Ptcp.; Gr. p. 146, 3.

§ 30.

The Pious Exile trusts in his People's God.

שִׁיר לַמַּעֲלוֹת ᵃ אֶשָּׂא עֵינַי אֶל־הֶהָרִים

מֵאַיִן ᵇ יָבוֹא עֶזְרִי:

עֶזְרִי מֵעִם יְהוָה

עֹשֵׂה שָׁמַיִם וָאָרֶץ:

אַל־יִתֵּן לַמּוֹט ᶜ רַגְלֶךָ

אַל־יָנוּם שֹׁמְרֶךָ:

הִנֵּה לֹא־יָנוּם וְלֹא יִישָׁן

שׁוֹמֵר יִשְׂרָאֵל:

יְהוָה שֹׁמְרֶךָ

יְהוָה צִלְּךָ ᵈ עַל־יַד ᵉ יְמִינֶךָ:

יוֹמָם הַשֶּׁמֶשׁ לֹא־יַכֶּכָּה ᶠ

וְיָרֵחַ ᵍ בַּלָּיְלָה:

יְהוָה יִשְׁמָרְךָ מִכָּל־רָע

יִשְׁמֹר אֶת־נַפְשֶׁךָ:

יְהוָה יִשְׁמָר־צֵאתְךָ ʰ וּבוֹאֶךָ ʰ

מֵעַתָּה וְעַד־עוֹלָם:

ᵃ "A song for the up-goings," *i.e.*, of the pilgrim caravans from the lowlands of Babylonia to Jerusalem.

b " Whence?"

c " To the stumble;" verbal noun.

d צֵל, Segh. I., Gr. p. 60.

e " On the hand of thy right " = on thy right hand.

f Hif. impf. נכה, with suff. ($yakkèkka = yakkanka = yankanka = yahankanka$; thus the second nun is not *epenthetic*, but belongs to the verb-ending).

g With article, as in § 28.

h Infs. constr. used as nouns; פ"י.

§ 31.

"*Let all the Earth bless the Lord.*"

מִזְמוֹר לְתוֹדָה
הָרִיעוּ *ᵃ* לַיהֹוָה כָּל־הָאָרֶץ׃
עִבְדוּ אֶת־יְהֹוָה בְּשִׂמְחָה
בֹּאוּ לְפָנָיו בִּרְנָנָה׃
דְּעוּ *ᵇ* כִּי־יְהֹוָה הוּא אֱלֹהִים
הוּא עָשָׂנוּ וְלֹא *ᶜ*׀ אֲנַחְנוּ
עַמּוֹ וְצֹאן מַרְעִיתוֹ׃
בֹּאוּ שְׁעָרָיו ׀ בְּתוֹדָה
חֲצֵרֹתָיו בִּתְהִלָּה
הוֹדוּ *ᵈ* לוֹ בָּרְכוּ שְׁמוֹ׃

READINGS FROM THE OLD TESTAMENT. 113

כִּי־טוֹב יְהוָה לְעוֹלָם חַסְדּוֹ
וְעַד־דֹּר וָדֹר אֱמוּנָתוֹ׃

[a] רוע, hif. masc. pl., because *kol-ha'areç* implies "all men."

[b] ידע. [c] Read לוֹ. [d] Hif. יָרָה.

§ 32.

A Prayer for the Light of God's Countenance.

לַמְנַצֵּחַ [a] בִּנְגִינֹת מִזְמוֹר שִׁיר׃
אֱלֹהִים יְחָנֵּנוּ [b] וִיבָרְכֵנוּ
יָאֵר [c] פָּנָיו אִתָּנוּ סֶלָה׃
לָדַעַת [d] בָּאָרֶץ דַּרְכֶּךָ
בְּכָל־גּוֹיִם יְשׁוּעָתֶךָ׃
יוֹדוּךָ [e] עַמִּים ׀ אֱלֹהִים
יוֹדוּךָ עַמִּים כֻּלָּם׃
יִשְׂמְחוּ וִירַנְּנוּ לְאֻמִּים
כִּי־תִשְׁפֹּט עַמִּים מִישֹׁר [f]
וּלְאֻמִּים ׀ בָּאָרֶץ תַּנְחֵם [g] סֶלָה׃
יוֹדוּךָ עַמִּים ׀ אֱלֹהִים
יוֹדוּךָ עַמִּים כֻּלָּם׃
אֶרֶץ נָתְנָה [h] יְבוּלָהּ

יְבָרְכֵנוּ אֱלֹהִים אֱלֹהֵינוּ׃
יְבָרְכֵנוּ אֱלֹהִים
וְיִירְאוּ אוֹתוֹ כָּל־אַפְסֵי־אָרֶץ׃

^a Look out נצח, נגינה, and מזמור. "For the Leader of the strings: a lyric song." (The בְּ, as in מָשַׁל בְּ, means "over.")

^b חָנַן.

^c § 26, c ; here *jussive:* the other impfs. are similar.

^d "For knowing," = that men may know.

^e § 31, c. "May the peoples thank thee ... may they rejoice when thou judgest ...!"

^f "Straightness, rectitude;" adv. accus.

^g נָחָה, hif.   ^h Pf. of certain future.

Last verse = 1, 2. "God will bless us, *that* all Earth's ends may fear Him!"

§ 33.

The Wonders of the Exodus.

בְּצֵאת^a יִשְׂרָאֵל מִמִּצְרָיִם
בֵּית יַעֲקֹב מֵעַם לֹעֵז׃
הָיְתָה^b יְהוּדָה לְקָדְשׁוֹ
יִשְׂרָאֵל מַמְשְׁלוֹתָיו׃
הַיָּם רָאָה וַיָּנֹס^c

הַיַּרְדֵּן יִסֹּב[d] לְאָחוֹר׃

הֶהָרִים רָקְדוּ כְאֵילִים

גְּבָעוֹת כִּבְנֵי־צֹאן׃

מַה־לְּךָ הַיָּם[e] כִּי תָנוּס

הַיַּרְדֵּן תִּסֹּב לְאָחוֹר׃

הֶהָרִים[f] תִּרְקְדוּ כְאֵילִים

גְּבָעוֹת כִּבְנֵי־צֹאן׃

מִלִּפְנֵי אָדוֹן חוּלִי אָרֶץ

מִלִּפְנֵי אֱלוֹהַּ יַעֲקֹב׃

הַהֹפְכִי[g] הַצּוּר אֲגַם[h]־מָיִם

חַלָּמִישׁ לְמַעְיְנוֹ[i]־מָיִם׃

[a] יָצָא, inf.

[b] "Yehuda *became* his sanctuary."

[c] Pausal form.

[d] סבב. "The Yardén swirled backward;" impf. inceptive, Gr. p. 141, 1.

[e] Vocative, Gr. p. 126, *ad init.*

[f] Relative clause; "ye mountains, that leap," etc.

[g] Ptcp. qal of הָפַךְ, with ancient case-ending ִי; Gr. p. 52.

[h] Accus. of result.

[i] Equals מַעְיָן; constr. with old ending; Gr. p. 52.

§ 34.

David in Trouble recalls a former Deliverance.

מִזְמוֹר לְדָוִד[a] בְּבָרְחוֹ מִפְּנֵי ׀ אַבְשָׁלוֹם בְּנוֹ׃

יְהֹוָה מָה־רַבּוּ[b] צָרָי

רַבִּים קָמִים[c] עָלָי׃

רַבִּים אֹמְרִים לְנַפְשִׁי

אֵין יְשׁוּעָתָה[d] לּוֹ[e] בֵאלֹהִים סֶלָה׃

וְאַתָּה יְהֹוָה מָגֵן בַּעֲדִי[f]

כְּבוֹדִי וּמֵרִים[g] רֹאשִׁי׃

קוֹלִי[h] אֶל־יְהֹוָה אֶקְרָא

וַיַּעֲנֵנִי[k] מֵהַר קָדְשׁוֹ[l] סֶלָה׃

אֲנִי שָׁכַבְתִּי וָאִישָׁנָה[m] הֱקִיצוֹתִי[n]

כִּי יְהֹוָה יִסְמְכֵנִי׃[o]

לֹא־אִירָא מֵרִבְבוֹת עָם

אֲשֶׁר סָבִיב שָׁתוּ[p] עָלָי׃

קוּמָה יְהֹוָה ׀ הוֹשִׁיעֵנִי[q] אֱלֹהַי

כִּי־הִכִּיתָ[r] אֶת־כָּל־אֹיְבַי לֶחִי[r]

שִׁנֵּי רְשָׁעִים שִׁבַּרְתָּ׃

לַיהֹוָה הַיְשׁוּעָה[s]

עַל־עַמְּךָ בִרְכָתֶךָ סֶּלָה׃

[a] לְ of authorship. [b] ע״ע.

[c] קוּם, ptcp. *Rabbim* is predicate; "many are they who rise upon (*i.e.*, against) me."

[d] Really an old accus. form of יְשׁוּעָה, but used as nominative.

[e] Notice the euphonic dagh., Gr. p. 23, 3.

[f] בְּעַד, prep. [g] Hif. ptcp. רוּם.

[h] "My voice . . . unto Yahwè I cry;" a change of construction (*anacoluthon*): or *qoli* may be accus. mod. Gr. p. 132, *c*.

[k] "And he answered me." These two clauses, and the next verse, refer, I think, to some past peril. The impf. *'eqrá* is explained by Gr. p. 141, 1.

[l] Gr. p. 129 (ii.)

[m] "And I slept soundly;" cohortative form, marking intensity, earnestness, etc., of an act.

[n] קִיץ, hif. [o] See Gr. p. 141, 1.

[p] שִׁית, sc. מַחֲנֶה; "set, *or* marshal the array."

[q] פ״י.

[r] פ״ן. "Thou smotest all my foes on the cheek;" Gr. p. 134.

[s] "Yahwè hath the victory!
On thy people be thy blessing!"

§ 35.

The Good Shepherd.

מִזְמוֹר לְדָוִד

יְהוָֹה רֹעִי [a] לֹא אֶחְסָר׃

בִּנְאוֹת [b] דֶּשֶׁא יַרְבִּיצֵנִי

עַל־מֵי מְנֻחוֹת [c] יְנַהֲלֵנִי׃ [d]

נַפְשִׁי יְשׁוֹבֵב [e]

יַנְחֵנִי [f] בְמַעְגְּלֵי־צֶדֶק לְמַעַן [g] שְׁמוֹ׃

גַּם [h] כִּי־אֵלֵךְ בְּגֵיא צַלְמָוֶת לֹא־אִירָא רָע

כִּי־אַתָּה עִמָּדִי

שִׁבְטְךָ וּמִשְׁעַנְתֶּךָ הֵמָּה יְנַחֲמֻנִי׃ [d]

תַּעֲרֹךְ לְפָנַי ׀ שֻׁלְחָן נֶגֶד צֹרְרָי

דִּשַּׁנְתָּ בַשֶּׁמֶן [k] רֹאשִׁי

כּוֹסִי רְוָיָה׃ [l]

אַךְ ׀ טוֹב וָחֶסֶד יִרְדְּפוּנִי כָּל־יְמֵי חַיָּי

וְשַׁבְתִּי [m] בְּבֵית־יְהוָה לְאֹרֶךְ יָמִים׃

[a] Ptcp. רֹעֶה, with suff. 1 pers.

[b] Only in pl. constr. (נָאָה would be the abs. sing.)

[c] Gr. p. 129 (ii.). [d] Pi. of נָהַל; נָחַם.

[e] Pilel of שׁוּב. [f] § 32, *g*.

[g] "For the sake of . . ."

[h] "Even if I walk . . ." [k] Gr. p. 125 (*a*).

[l] "My cup is overflow, *or* fulness."

[m] שֶׁבֶת, inf. of יָשַׁב; "and my dwelling (is) . . ." The original vowel (*a*) is thus somewhat unusually preserved, ḥireq being the common sound. Perhaps yod has fallen out, and וְיָשַׁבְתִּי should be read.

§ 36.

A Triumphal Ode, on the Entry of the Ark into Jerusalem.

לְדָוִד מִזְמוֹר
לַיהוָה הָאָרֶץ וּמְלוֹאָהּ
תֵּבֵל וְיֹשְׁבֵי בָהּ׃ [a]
כִּי־הוּא עַל־יַמִּים יְסָדָהּ
וְעַל־נְהָרוֹת יְכוֹנְנֶהָ׃ [b]
מִי־יַעֲלֶה [c] בְהַר־יְהוָה
וּמִי יָקוּם בִּמְקוֹם קָדְשׁוֹ׃
נְקִי [d] כַפַּיִם וּבַר [d]־לֵבָב
אֲשֶׁר ׀ לֹא־נָשָׂא לַשָּׁוְא [e] נַפְשׁוֹ
וְלֹא נִשְׁבַּע לְמִרְמָה׃
יִשָּׂא בְרָכָה מֵאֵת יְהוָה
וּצְדָקָה [f] מֵאֱלֹהֵי יִשְׁעוֹ׃
זֶה דּוֹר דֹּרְשָׁו [g]
מְבַקְשֵׁי פָנֶיךָ יַעֲקֹב [h] סֶלָה׃
שְׂאוּ [k] שְׁעָרִים ׀ רָאשֵׁיכֶם
וְהִנָּשְׂאוּ פִּתְחֵי עוֹלָם
וְיָבוֹא מֶלֶךְ הַכָּבוֹד׃
מִי־זֶה [l] מֶלֶךְ הַכָּבוֹד

יְהֹוָה עִזּוּז וְגִבּוֹר
יְהֹוָה גִּבּוֹר מִלְחָמָה׃
שְׂאוּ שְׁעָרִים ׀ רָאשֵׁיכֶם
וּשְׂאוּ פִּתְחֵי עוֹלָם
וְיָבֹא מֶלֶךְ הַכָּבוֹד׃
מִי הוּא[m] זֶה מֶלֶךְ הַכָּבוֹד
יְהֹוָה צְבָאוֹת הוּא מֶלֶךְ הַכָּבוֹד סֶלָה׃

[a] Gr. p. 135 (i.).

[b] "Did He make her fast!" Gr. p. 141, 1.

[c] "Who may ascend?" [d] Gr. p. 135, *ad med.*

[e] "Who hath not lifted up his soul (his desire) to knavery;" to lift the soul to ... = to long *or* hanker after ... (*nafshó*, not *nafshi*, is right).

[f] "A reward, *or* recompense."

[g] Defective for דֹּרְשָׁיו his seekers. "Of such a kind (lit., this is the kind) are those who seek him."

[h] Prob. אֱלֹהֵי is omitted; "O God of Ya'ăqób."

[k] פ"ן.

[l] *zè* strengthens *mi?* = τίς ποτε; "*who* is ...?"

[m] Gr. p. 124, *ad init.*

§ 37.

The Might of Yahwè shown in the Storm.

מִזְמוֹר לְדָוִד

הָבוּ [a] לַיהוָה בְּנֵי [b] אֵלִים
הָבוּ לַיהוָה כָּבוֹד וָעֹז׃
הָבוּ לַיהוָה כְּבוֹד שְׁמוֹ
הִשְׁתַּחֲווּ לַיהוָה בְּהַדְרַת[c]־קֹדֶשׁ׃
קוֹל יְהוָה עַל־הַמָּיִם
אֵל־הַכָּבוֹד הִרְעִים
יְהוָה עַל־מַיִם רַבִּים׃
קוֹל־יְהוָה בַּכֹּחַ [d]
קוֹל יְהוָה בֶּהָדָר׃
קוֹל יְהוָה שֹׁבֵר [e] אֲרָזִים
וַיְשַׁבֵּר [e] יְהוָה אֶת־אַרְזֵי הַלְּבָנוֹן׃
וַיַּרְקִידֵם כְּמוֹ־עֵגֶל
לְבָנוֹן וְשִׂרְיוֹן כְּמוֹ בֶן־רְאֵמִים׃
קוֹל־יְהוָה חֹצֵב [e] לַהֲבוֹת אֵשׁ׃
קוֹל יְהוָה יָחִיל מִדְבָּר
יָחִיל יְהוָה מִדְבַּר קָדֵשׁ׃
קוֹל יְהוָה ׀ יְחוֹלֵל [f] אַיָּלוֹת וַיֶּחֱשֹׂף [e] יְעָרוֹת
וּבְהֵיכָלוֹ [g] כֻּלּוֹ אֹמֵר כָּבוֹד׃
יְהוָה [h] לַמַּבּוּל [k] יָשָׁב
וַיֵּשֶׁב יְהוָה מֶלֶךְ לְעוֹלָם׃
יְהוָה עֹז לְעַמּוֹ יִתֵּן
יְהוָה ׀ יְבָרֵךְ אֶת־עַמּוֹ בַשָּׁלוֹם׃

[a] יָהַב.

[b] Prob. = *bney ha'elohim*, § 9, *a*. See Gr. p. 131, 5.

[c] "In holy array," *i.e.*, festal robes (*hădara* = adornment).

[d] "The voice of Yahwè (is) in power," = is powerful, mighty. Notice this form of the predicate. So *behadar*.

[e] Gr. p. 146, 3, 150 (*b*). A *habitual* fact is marked in each case.

[f] Pilel of חוּל. "The voice of Yahwè maketh hinds to travail."

[g] "And in his palace they all shout, Glory!" Or more simply; "They all say (*i.e.*, ascribe) glory" Cf. v. 1.

[h] See Gr. p. 146, 2, for this verse.

[k] לְ = at, point of time; more commonly בְּ.

§ 38.

God the Guardian of the Holy City.

לַמְנַצֵּחַ לִבְנֵי־קֹרַח [a] עַל־עֲלָמוֹת שִׁיר׃

אֱלֹהִים לָנוּ מַחֲסֶה וָעֹז

עֶזְרָה בְצָרוֹת נִמְצָא מְאֹד׃

עַל־כֵּן לֹא־נִירָא בְּהָמִיר [b] אָרֶץ

וּבְמוֹט הָרִים בְּלֵב [c] יַמִּים׃

יֶהֱמוּ יֶחְמְרוּ מֵימָיו [d]

יִרְעֲשׁוּ־הָרִים בְּגַאֲוָתוֹ [d] סֶלָה׃

נָהָר[e] פְּלָגָיו יְשַׂמְּחוּ עִיר־אֱלֹהִים
קְדֹשׁ מִשְׁכְּנֵי עֶלְיוֹן׃
אֱלֹהִים בְּקִרְבָּהּ בַּל־תִּמּוֹט
יַעְזְרֶהָ אֱלֹהִים לִפְנוֹת[f] בֹּקֶר׃
הָמוּ גוֹיִם מָטוּ מַמְלָכוֹת
נָתַן בְּקוֹלוֹ תָּמוּג[g] אָרֶץ׃
יְהוָה צְבָאוֹת עִמָּנוּ
מִשְׂגָּב לָנוּ אֱלֹהֵי יַעֲקֹב סֶלָה׃
לְכוּ חֲזוּ[h] מִפְעֲלוֹת יְהוָה
אֲשֶׁר־שָׂם שַׁמּוֹת בָּאָרֶץ׃
מַשְׁבִּית מִלְחָמוֹת עַד־קְצֵה הָאָרֶץ
קֶשֶׁת יְשַׁבֵּר וְקִצֵּץ חֲנִית
עֲגָלוֹת יִשְׂרֹף בָּאֵשׁ׃
הַרְפּוּ[k] וּדְעוּ כִּי־אָנֹכִי אֱלֹהִים
אָרוּם בַּגּוֹיִם אָרוּם בָּאָרֶץ׃
יְהוָה צְבָאוֹת עִמָּנוּ
מִשְׂגָּב לָנוּ אֱלֹהֵי יַעֲקֹב סֶלָה׃

[a] "For the sons of Qoraḥ. After (the voice of) damsels," *i.e.*, for soprani or trebles.

[b] מוּר.

[c] "And when mountains totter (and fall) into the heart of the seas."

[d] *His*, *i.e.*, the ocean's, implied in *yammim*.

[e] "A river (there is) whose streams delight the city of God."

[f] § 26, *o*.

[g] Inceptive; "earth began to melt." The verbs in this verse refer to a special deliverance.

[h] חָזָה.

[k] Hif. imperat. רָפָה; "drop (your hands)!" *i.e.*, Be still, yield!

§ 39.

Rest for all in the Grave.

לָמָּה לֹּא מֵרֶחֶם אָמוּת [a]
מִבֶּטֶן יָצָאתִי וְאֶגְוָע׃ [b]
מַדּוּעַ קִדְּמוּנִי בִרְכָּיִם
וּמַה־שָּׁדַיִם כִּי אִינָק׃ [c]
כִּי־עַתָּה שָׁכַבְתִּי [d] וְאֶשְׁקוֹט
יָשַׁנְתִּי אָז ׀ יָנוּחַ לִי׃
עִם־מְלָכִים וְיֹעֲצֵי אָרֶץ
הַבֹּנִים [e] חֳרָבוֹת [f] לָמוֹ׃
אוֹ עִם־שָׂרִים זָהָב [g] לָהֶם
הַמְמַלְאִים [h] בָּתֵּיהֶם כָּסֶף׃
אוֹ כְנֵפֶל טָמוּן לֹא אֶהְיֶה [k]
כְּעֹלְלִים לֹא־רָאוּ [l] אוֹר׃

שָׁם רְשָׁעִים חָדְלוּ [m] רֹגֶז

וְשָׁם יָנוּחוּ [m] יְגִיעֵי [n] כֹחַ׃

יַחַד אֲסִירִים שַׁאֲנָנוּ [o]

לֹא שָׁמְעוּ קוֹל נֹגֵשׂ׃

קָטֹן וְגָדוֹל שָׁם הוּא

וְעֶבֶד חָפְשִׁי [p] מֵאֲדֹנָיו׃

[a] Inceptive past; Gr. p. 141, 1.

[b] "(Why) came I not forth of the womb to die?"

[c] "When I began to suck." יָנַק.

[d] "I had (= should have) lain down, and should be resting: I had slept; then were there repose for me!" Notice the states of the verb; Gr. p. 159, line 3.

[e] Ptcp. בנה.

[f] Wastes, *i.e.*, ruinous tombs.

[g] Relative clause; "who have gold."

[h] Pi. ptcp.; notice double absence of daghesh, and double accus. after verb of *filling*.

[k] Part of the apodosis: "I should not exist."

[l] Relative clause.

[m] Pf. and impf., *both* mark habit.

[n] יָגִיעַ, verbal adjective; "wearied of (in) strength."

[o] "Are easeful, at peace;" pilel (no qal).

[p] Adjective.

§ 40.

A Vision.

וְאֵלַי דָּבָר יְגֻנָּב a
וַתִּקַּח אָזְנִי שֵׁמֶץ מֶנְהוּ׃ b
בִּשְׂעִפִּים c מֵחֶזְיוֹנוֹת לָיְלָה
בִּנְפֹל תַּרְדֵּמָה עַל־אֲנָשִׁים׃
פַּחַד קְרָאַנִי d וּרְעָדָה
וְרֹב עַצְמוֹתַי הִפְחִיד׃
וְרוּחַ עַל־פָּנַי יַחֲלֹף e
תְּסַמֵּר e שַׂעֲרַת בְּשָׂרִי׃
יַעֲמֹד e | וְלֹא־אַכִּיר f מַרְאֵהוּ
תְּמוּנָה לְנֶגֶד עֵינָי
דְּמָמָה וָקוֹל אֶשְׁמָע׃ e
הַאֱנוֹשׁ g מֵאֱלוֹהַּ יִצְדָּק
אִם־מֵעֹשֵׂהוּ יִטְהַר גָּבֶר׃
הֵן בַּעֲבָדָיו לֹא יַאֲמִין
וּבְמַלְאָכָיו יָשִׂים תָּהֳלָה׃ h
אַף k שֹׁכְנֵי בָתֵּי־חֹמֶר
אֲשֶׁר l בֶּעָפָר יְסוֹדָם
יְדַכְּאוּם m לִפְנֵי־עָשׁ׃

מִבֹּקֶר לָעֶרֶב יֻכַּתּוּ[n]
מִבְּלִי מֵשִׂים[o] לָנֶצַח יֹאבֵדוּ׃

[a] Gr. p. 141, 1. [b] מִמֶּנּוּ of it.

[c] "In thoughts." סעף = divide; סֵעֵף a doubter, sceptic. חִזָּיוֹן dream.

[d] "Met, befel me."

[e] Inceptives; Gr. p. 141, 1.

[f] פ״ן; "I could not discern its form."

[g] Interrog. particle, Gr. p. 112, note. "Can mortal man be more just than 'Eloah?"

[h] *tohŏla*, folly, sin: only here. "And on his angels he fasteneth folly."

[k] *'af* = *'af ki* = much more.

[l] "Whose foundation is in the dust."

[m] "They crush them" (impers. = they are crushed).

[n] Hof. impf. כָּתַת.

[o] "Without heed, no man heeding;" with *mesím* supply *léb*; = *one who sets his heart* or thought to a thing.

§ 41.

The Unseen World, Earth, Sea, and Sky, controlled of God.

וַיַּעַן אִיּוֹב וַיֹּאמַר׃
מֶה־עָזַרְתָּ לְלֹא־כֹחַ[a]

הוֹשַׁעְתָּ זְרוֹעַ לֹא־עֹז׃
מַה־יָּעַצְתָּ לְלֹא חָכְמָה[b]
וְתוּשִׁיָּה לָרֹב[c] הוֹדָעְתָּ׃
אֶת־מִי הִגַּדְתָּ מִלִּין[d]
וְנִשְׁמַת־מִי[e] יָצְאָה מִמֶּךָּ׃
הָרְפָאִים יְחוֹלָלוּ[f]
מִתַּחַת מַיִם וְשֹׁכְנֵיהֶם׃
עָרוֹם שְׁאוֹל נֶגְדּוֹ
וְאֵין כְּסוּת לָאֲבַדּוֹן׃
נֹטֶה[g] צָפוֹן עַל־תֹּהוּ
תֹּלֶה אֶרֶץ עַל־בְּלִימָה׃
צֹרֵר[h]־מַיִם בְּעָבָיו
וְלֹא־נִבְקַע[k] עָנָן תַּחְתָּם׃
חֹק חָג[l] עַל־פְּנֵי־מָיִם
עַד־תַּכְלִית אוֹר עִם־חֹשֶׁךְ׃
עַמּוּדֵי שָׁמַיִם יְרוֹפָפוּ[m]
וְיִתְמְהוּ[n] מִגַּעֲרָתוֹ׃
בְּכֹחוֹ רָגַע הַיָּם
וּבִתְבֻנָתוֹ מָחַץ רָהַב׃
בְּרוּחוֹ[o] שָׁמַיִם שִׁפְרָה
חֹלְלָה[p] יָדוֹ נָחָשׁ בָּרִחַ׃[q]
הֶן־אֵלֶּה ׀ קְצוֹת[r] דְּרָכוֹ

וּמַה־שֵּׁמֶץ דָּבָר נִשְׁמַע־בּוֹ

וְרַעַם גְּבוּרֹתָו מִי יִתְבּוֹנָן׃

[a] *lo-kóaḥ* = powerlessness; and so *lo-'óz*. "How hast thou helped the powerless, succoured the arm of the defenceless!"

[b] *lo-ḥokma* = unwisdom. "How hast thou warned unwisdom!"

[c] *larób*, plenteously.

[d] Gr. p. 55, note; pl. of מִלָּה.

[e] "Whose breath?"

[f] Pulal חוּל writhe, shudder. "The dead shudder,
Below the waters and the dwellers therein."
i.e., they tremble before God.

[g] "He spreadeth the north (sky) above the void (of space)."

[h] "He bindeth, prisoneth."

[k] Pf. of habit: "the clouds burst not beneath them."

[l] חוּג. "A boundary hath he drawn upon the waters, (reaching) to the limit (extremity) of light and darkness."

[m] רוּף are stricken, tremble.

[n] תָּמַהּ.

[o] "By his breath (*or* breeze) the skies are beauty."

[p] Ptcp. חָלַל.

[q] "The flying serpent;" perhaps an ancient name personifying storm. So Rahab may be the sea as a proud and violent power.

[r] Ends = mere glimpses of his ways.

"What a mere whisper is heard of him!
And the thunder of his glorious deeds who can perceive?"

§ 42.

The Praise of Wisdom.

וְֽהַחָכְמָה מֵאַיִן תִּמָּצֵא
וְאֵי [a] זֶה מְקוֹם בִּינָה׃
לֹא־יָדַע אֱנוֹשׁ עֶרְכָּהּ
וְלֹא תִמָּצֵא בְּאֶרֶץ הַחַיִּים׃
תְּהוֹם אָמַר לֹא בִי־הִיא
וְיָם אָמַר אֵין עִמָּדִי׃
לֹא־יֻתַּן [b] סְגוֹר [c] תַּחְתֶּיהָ
וְלֹא יִשָּׁקֵל כֶּסֶף מְחִירָהּ׃ [d]
לֹא תְסֻלֶּה בְּכֶתֶם אוֹפִיר
בְּשֹׁהַם יָקָר וְסַפִּיר׃
לֹא־יַעַרְכֶנָּה זָהָב וּזְכוֹכִית [e]
וּתְמוּרָתָהּ כְּלִי־פָז׃
רָאמוֹת [f] וְגָבִישׁ [g] לֹא יִזָּכֵר
וּמֶשֶׁךְ חָכְמָה מִפְּנִינִים׃ [f]
לֹא־יַעַרְכֶנָּה פִּטְדַת [h]־כּוּשׁ
בְּכֶתֶם טָהוֹר לֹא תְסֻלֶּה׃

READINGS FROM THE OLD TESTAMENT. 131

וְהַחָכְמָה מֵאַיִן תָּבוֹא
וְאֵי זֶה מְקוֹם בִּינָה׃
וְנֶעֶלְמָה מֵעֵינֵי כָל־חָי
וּמֵעוֹף הַשָּׁמַיִם נִסְתָּרָה׃
אֲבַדּוֹן וָמָוֶת אָמְרוּ
בְּאָזְנֵינוּ שָׁמַעְנוּ שִׁמְעָהּ׃
אֱלֹהִים הֵבִין דַּרְכָּהּ
וְהוּא יָדַע אֶת־מְקוֹמָהּ׃
כִּי־הוּא לִקְצוֹת־הָאָרֶץ יַבִּיט [k]
תַּחַת כָּל־הַשָּׁמַיִם יִרְאֶה׃
לַעֲשׂוֹת לָרוּחַ מִשְׁקָל
וּמַיִם תִּכֵּן בְּמִדָּה׃
בַּעֲשֹׂתוֹ לַמָּטָר חֹק
וְדֶרֶךְ לַחֲזִיז [l] קֹלוֹת׃
אָז רָאָהּ וַיְסַפְּרָהּ
הֱכִינָהּ וְגַם־חֲקָרָהּ׃ [m]
וַיֹּאמֶר ׀ לָאָדָם
הֵן יִרְאַת אֲדֹנָי הִיא חָכְמָה
וְסוּר [n] מֵרָע בִּינָה׃

[a] *'éy zè*, where? [b] נָתַן.

[c] Perhaps זָהָב סָגוּר shut (*i.e.*, treasured, precious) gold.

[d] "As its purchase."

e Something "pure," *i.e.*, glass, or crystal. "Gold equals it not, nor crystal; nor is a golden vessel its exchange."

f *Ramoth*, coral (?); perhaps from רום, *to be high*, and therefore tree-like. According to Lam. iv. 7, פנינים are *red;* and the word may mean *red* coral; cf. Arab. *fananᵘⁿ*, branch; *fannâᵘ*, tree with long or many branches.

g *Gabish*. crystal (*gabash* = congeal).

h *Pitda*, perhaps topaz.   *k* פ"ן.

l "Arrow," and so lightning (Arab. *ḥazza*, to pierce).

m "Marked it out."   *n* Gr. p. 152, *a*.

PART III.

A COLLECTION OF PIECES FOR COMPOSITION.

WITH NOTES.

PART III.

PIECES FOR COMPOSITION.

I.

A Prayer.

Lord of all worlds, not on account of[1] our own righteous deeds[2] do we lay[3] our supplications before thee, but on account of thy manifold tender-mercies. What[4] are we? What is our life? What our goodness? What are our righteous deeds? What is our help? What our strength? What our courage? What can we say in thy presence, O Lord our God, and our fathers' God? Are not all the mighty as nought before thee, and famous[5] men as though[6] they had not been, and the wise as without[7] knowledge, and the shrewd[8] as without understanding? For most of their doings *are* empty,[9] and the days of their life are vanity before

[1] עַל.
[2] Pl. of צְדָקָה.
[3] Hif. of נָפַל.
[4] Gr. p. 44, notes 1 2.
[5] Gr. p. 129 (ii.).
[6] כַּאֲשֶׁר לֹא.
[7] כִּבְלִי.
[8] Nif. ptcp. of בִּין.
[9] See Part II., § 1, line 2.

thee; and man's excellence over[10] cattle is nought;[11] for all things *are* vanity.[11]

[10] מִן.

[11] Pausal forms.

II.

A Thanksgiving.

Were our mouth[1] full[2] of song as the sea,
And our tongue with shouting as the roar of its billows;
And our lips with praise,[3] as the spaces[4] of the firmament;
And our eyes flashing, like the sun and the moon;
And our hands outspread like the eagles of heaven;
And our feet swift as the hinds;

We could not thank[5] thee enough, O Lord our God, and our fathers' God! nor bless thy name, for[6] one in a thousand of the thousand of thousands of thousands and the myriads of myriads, in number, of the benefits[7] which thou hast bestowed[8] upon our fathers and upon us. Out of Egypt thou ransomedst us, O Lord our God,

[1] Gr. p. 66, *ad init.*

[2] Gr. p. 133 (*b*).

[3] שֶׁבַח, rabb.

[4] מֶרְחָב.

[5] *We suffice not for thanking;* אֵין, with ptcp: hif. סָפַק.

[6] עַל.

[7] טוֹבוֹת.

[8] Say, *hast done with* (עִם).

and from the house of bondage[9] thou didst redeem us; in famine thou feddest us, and in plenty thou maintainedst[10] us; from the sword thou didst rescue us, and from plague thou didst deliver us; and from sore and stubborn[11] sicknesses thou didst set[12] us free. Hitherto thy tender-mercies[13] have holpen us, and thy kindnesses have not forsaken us; and thou wilt never cast us off, O Lord our God.

9 *House of slaves.*

10 כִּלְכֵּל.

11 נֶאֱמָן *firm.*

12 דִּלָּה, pi.

13 רַחֲמִים = τὰ σπλᾶγχνα, viscera, as the seat of pity.

III.

A Hymn.

Extolled[1] be the living[2] God, and all-praised[3] be He!
He is,[4] and His being[5] is unbounded by time!
He is one, and there is no oneness like His;[6]
Incomprehensible,[7] and His unity[8] is endless!

1 גָּדֵל.

2 Gr. p. 130, 1.

3 Hithpa. שבח; rabb.

4 Say, *is found.*

5 מְצִיאוּת; rabb. Say, *and* there is *no time to his being.*

6 *One* (יָחִיד) *like his oneness* (יִחוּד); rabb.

7 *Hidden* = nif. ptcp. עלם.

8 אַחְדוּת; rabb.

He hath neither material[9] likeness nor substance;[10]
He *was* before[11] every created thing;
The first, without beginning to His beginning!
Lo, He *is* Lord of the world;
To all creation[12] He sheweth[13] His greatness and His sovereignty.
The inspiration[14] of His prophecy He gave to His peculiar[15] and glorious ones.
There hath never yet risen in Israel *one* like Moses,
A prophet, and beholder of His form![16]
A true law God gave His people,
By[17] His prophet, the faithful *one* of His house:
God will never alter nor change His edict[18] for another![19]
He watches and knows our secret[20] thoughts;
He beholds the end of a matter at its outset.[21]
He requites (to) a man *with* kindness according to his doing;
He gives the wicked woe according to his wickedness.
He will send our Christ at the end of days,

[9] *Likeness of body* (גּוּף, rabb.).

[10] *And he* is *not body*. [11] קַדְמוֹן.

[12] *Every moulded thing*. [13] Hif. impf. ירה.

[14] שֶׁפַע; rabb. use.

[15] *The men of his property and splendour* (סְגֻלָּה and תִּפְאֶרֶת).

[16] תְּמוּנָה. [17] *Upon the hand of* . . . .

[18] דָּת, late word in Old Testament.

[19] *For besides it* (זוּלַת, with suffix).

[20] סֵתֶר. [21] קַדְמָה.

To redeem those who hope for His final deliverance.[22]
The dead will God revive in His great mercy:
Blessed unto everlasting[23] *be* His lauded[24] name!

[22] *The end of his deliverance.*

[23] עֲדֵי־עַד. [24] Cf. 22.

IV.

The Song of Zacharias.

Blessed *be* the Lord,[1] God of Israel,
For He hath visited and wrought ransom[2] for His people;
And raised a horn of salvation for us,
In the house of David His servant,
(As He spake by the mouth of His holy prophets,
Which have been since[3] the world began;)
Salvation from our enemies,
And from the hand of all who hate us:
To shew kindness[4] to our fathers,
And to remember His holy covenant:
The oath which He sware to our father Abraham,

[1] Κύριος = יְהֹוָה.

[2] *Made a ransom* = עָשָׂה פְּדוּת.

[3] *Who from everlasting they.*

[4] Inf. constr. with לְ; *to shew kindness to* = עָשָׂה חֶסֶד עִם.

That He would give [5] us,
That we, being delivered out of the hand of our enemies,
Might serve Him without fear,
In holiness and righteousness before Him
All the days of our life.

And thou, child,—prophet of the Highest shalt thou be called,
For thou shalt go before the Lord to prepare His ways.
To give knowledge of salvation to His people
Through forgiveness of their sins,
By the tender mercy of our God.
Whereby the dayspring from on high hath visited us;
To give light to them that sit in darkness and the shadow of death,
And to guide our feet into the way of peace.

[5] Inf. constr. with לְ.

V.

The Temptation.

Now Jesus, full of the Holy Ghost, turned back from the Jordan.
And he was led in the spirit into the wilderness[1] for forty days, being tempted by the devil.[4]

[1] Accusative; see Gr. pp. 132 (*b*), 138, 4, 5.

[4] הַשָּׂטָן *the fiend* or *foe*.

And he ate nothing[2] in those days; and when they were completed,[3] afterwards he became hungry.

And the devil[4] said to him, If thou *art* Son of God, command this stone[5] to become[6] bread.

And Jesus answered him, saying, It is written, that man shall not live on bread alone,[7] but on every utterance[8] of Yahwè.

And the devil led him up into a high mountain, and shewed him all the kingdoms of the world in a point[9] of time.

And the devil said to him,
To thee will I give all this lordship,[10] and their glory;
Because to me it hath been delivered,
And to whomsoever[11] I will I give it.
Thou, then, if thou fall down before me,—
All[12] shall be thine.
And Jesus answered and said to him,
Get thee[13] behind me, Satan, for it is written,

[2] *Did not eat anything*, מְאוּמָה.

[3] כְּ, with inf. constr. of כָּלָה, and suff.; Gr. p. 152 (*d*).

[5] *Say to this stone.*

[6] Weak waw with jussive; Gr. p. 144, 3, and note 2.

[7] לְבַדּוֹ = *in its separation.*

[8] מוֹצָא פִּי יה״.

[9] שֶׁצֶף, rabbinic use.

[10] שָׁלְטוֹן (cf. sultán).

[11] לַאֲשֶׁר.

[12] Say, *all of them.*

[13] לֵךְ לְךָ.

Yahwè thy God shalt thou fear,
And him shalt thou serve alone.

And he brought him [14] to Jérusalem, and made him stand upon the tower [15] of the temple,
And said unto him,
If thou art the Son of God, throw thyself [16] hence downwards.
For it is written, His angels he will charge for thee, to keep thee;
And upon hands they will bear thee,
Lest thou dash on a stone thy foot.
And Jesus answered and said to him, It has been said,
Thou shalt not tempt Yahwè thy God.

And when he had finished every temptation,
The devil departed from him [17] until a *fitting* time.

[14] *Made him go*, hif.

[15] פִּנָּה a mural tower, stans in praecipiti.

[16] נָפַל, hithpa.   [17] Say, *ceased from him.*

VI.

From the Qur'ân (1).

Lo, they who believe, and work righteousness,
For them there are gardens of delight;[1]
Always shall they abide in them:

[1] גַּנּוֹת עֲדָנִים.

God's promise[2] is sure,
For he is the almighty,[3] all-wise.

He framed the heavens without pillars that ye see,[4]
And he cast upon the earth mountain heights,
Lest[5] she should rock with you.
And he spread upon her some of all creatures.
Also we sent down from heaven water,
And caused to spring up[6] thereon of every noble kind.[7]

This was God's creation;
And show ye me what those beneath him[8] have created:
Truly the godless are in plain error![9]

[2] דָּבָר. [3] אֵל שַׁדַּי.

[4] *And their pillars are not seen.*

[5] מוט; Psa. xciii. 1. [6] צמח, hif.

[7] *Every good plant after its kind;* Part II., § 3, *n.*

[8] *Less than He.* [9] מַתְעִים מְאֹד.

VII.

From the Qur'ân (2).

See ye not that God turneth darkness into light,
And turneth light into darkness?
And made the sun and the moon do service?
Each[1] runneth to an appointed goal.[2]

[1] Cf. Psa. xix. 6, 7. [2] גְּבוּל נָכוֹן.

And lo! God knoweth whate'er ye do.
This, because God is the truth,
And because that which ye invoke beneath him is nought,
And because God is most high, all-powerful!

See ye not that the ships run[3] along the sea by God's favour,
To show you of his signs?
And when the wave like shrouds[4] hath covered them,
They call[5] on God, showing him pure devotion;[6]
But when he hath brought them safe to shore,[7]
Some of them halt between two opinions.[8]
Yet no man denieth[9] our signs,
Save every treacherous ingrate.[10]

Mankind, fear your Lord,
And dread the day when father shall not atone for son, nor son for father, at all!
Lo, God's promise is true.

[3] Psa. civ. 26; הִלֵּךְ, pi. impf.

[4] Psa. civ. 6; כַּלְּבוּשׁ.

[5] Cf. Psa. cvii. 28; צָעַק אֶל־.

[6] *Worshipping purely.*

[7] Psa. cvii. 30; *led them to the haven* (מָחוֹז) *of their desire.*

[8] פָּסַח עַל־שְׁתֵּי הַסְּעִפִּים, 1 Ki. xvii. 21.

[9] יַכְזִיב = *charge with falsity.*

[10] בֹּגֵד וְאֵינֶנּוּ מוֹדֶה.

Therefore, let not the world [11] beguile you,[12]
And let not the Guileful beguile you as to God!

Lo, with God is the knowledge of that hour,[13]
And he sendeth down the rain,
And he knows what lieth in the womb.
And no soul foreseeth what it will gain to-morrow,
And no soul foreseeth in what land it will die:
Lo, God knoweth, is aware![14]

[11] מְתִים מֵחֶלֶד *men of the world;* Psa. xvii. 14.

[12] אַל־יַשִּׁיא לָכֶם (נשא), Isa. xxxvi. 14.

[13] *That day, i.e.*, the judgment.

[14] מֵבִין.

VIII.

From the Qur'ân (3).—*Muhammad's Paradise.*

Verily we have prepared for the unbelievers chains,[1] and
yokes,[2] and blazing fire!
But the righteous shall drink of a cup whereof [3] the
mixture shall be camphor,
The fount whereof the servants of God shall drink,[4]
They shall make it flow [6] in sluices [5] everywhere.

[1] זִקִּים.

[2] מוֹטָה.

[3] מֶסֶךְ כֹּפֶר בָּהּ.

[4] סָבָא.

[5] תְּעָלָה.

[6] יָרַד, hif.

For they fulfil the vow,
And they fear the day whose evil shall be swift:[7]
And they feed[8] the needy, and the fatherless, and the bondman, *with* food,
For the love of Him.

"We feed you only for God's sake,
We want not from you[9] return or thanks.[10]
Verily[11] we fear from our Lord a Day of Gloom, of [12] calamity!"

Therefore God will keep them from the evil of that day,
And will cast[13] upon them bright looks and gladness.
And He will requite[14] them in that they were patient, *with* gardens and silken attire;[15]

There shall they lie upon couches;
They shall not see therein sun[16] or moon.[17]
And low down anigh them shall fall the shades thereof,[18]
And the grapes thereof shall hang low.[19]

7 *Its calamity tarries not* (אֵיד אַחֵר).

8 Gen. xlvii. 12, כִּלְכֵּל (pilpel of כּוּל) with dupl. accus.

9 *Seek not from your hand.* 10 *Blessing.*

11 וְאוּלָם *but* (on the contrary).

12 אֵימָתָה *terror.* 13 *Make his face shine.*

14 גָּמַל. 15 Eze. xvi. 13, בִּגְדֵי מֶשִׁי.

16 חַמָּה. 17 לְבָנָה.

18 *The shadows shall incline around them; they shall descend in the shady place* (מְצִלָּה).

19 *Shall bow as a rush* (אַגְמוֹן).

And men will go round to[20] them with vases[21] of silver, and flasks.

The flasks shall be of silver;
They shall themselves fix the measure.[22]
And there shall go round to them immortal youths;[23]
When thou lookest on them thou wilt think them scattered pearls.
And when thou lookest, thou shalt look on loveliness, and a realm of glory.

Upon them shall be robes of brocade,[24] green[25] and glistening,
And they shall be adorned with bracelets of silver,
And their Lord will make them drink a pure liquor.[26]

Verily this shall be your recompense,
And your effort shall be accepted![27]

[20] שֵׁרֵת *wait on.* [21] קַעֲרַת כֶּסֶף.

[22] מְנַת כּוֹסָם. [23] *Sons of God.*

[24] רִקְמָה, Jud. v. 30. [25] צֶבַע *coloured robe.*

[26] תִּירוֹשׁ מְזֻקָּק; cf. Isa. xxv. 6.

[27] *He will accept* (רָצָה) *the works of your hands.*

IX.

The Merciful Ruler.

I know that Allah loves the poor, and that he gives riches to whomsoever he will try;[1] but to the poor he

[1] צָרַף, בָּחַן.

sends all who speak his word, that they may rise in the midst of their misery.[2] Does not he give rain, when the blade would otherwise wither,[3] and a dewdrop[3] in the cup of the thirsty flower?[4] And is it not sublime to be sent[5] to seek them that are weary, who have lingered[6] behind after the work, and have fallen down exhausted[7] on the road, because their knees were not strong enough to carry them to the place where they should receive their wages? Should not I be glad to give a helping hand[8] to him who tumbled into the ditch, and a staff to him who climbs the mountains? Should[8] not my heart leap with joy, when it sees that I have been selected[9] amongst many, to turn[10] lamentation into prayer, weeping into thanksgiving?

[2] צָרָה (çarra), עֳנִי.

[3] Say, *upon the grass when it begins to wither*; or, *upon the drooping* (אֻמְלָל) *grass.* Deut. xxxii. 2.

[4] צִיצַת נֹבֵל; Gr. p. 136, note (1).

[5] *Is it a small thing that I should be sent* . . . הַמְעַט כִּי and impf.; or, הֲלֹא זאת לִי־תִפְאֶרֶת and inf.

[6] אֵחַר, pi. [7] עָיֵף, נִלְאָה.

[8] Impfs. *Shall not I reach* (שׁלח) *the hand of my help.*

[9] *God hath chosen me out of many.*

[10] Cf. Isa. xxv. 2.

X.

The Unrighteous Judge.

A time will come when the passenger will stand before a house and ask, "What is this, that the harp[1] is silent, and the song of the maidens is hushed?" And they will answer, "A man has died."

And whosoever journeys[2] to the villages shall sit in the evening with the host,[3] and round about him the sons and daughters of the house, and the children of those who live in the village, and he shall say:

"A man has died who promised[4] to be just; and he sold justice to everyone who gave him money. He watered his field with the sweat of the labourer[5] whom he had called away from his own labour.[5] He did not pay the labourer his wages,[6] but lived on the food of the poor. He became[7] rich from the poverty of others.[8] He had much gold and silver, and plenty of precious stones; but the labourer who lives in the neighbourhood did not know how to appease the hunger of his

[1] Isa. xxv. 8, *the joy of the harp has ceased.*

[2] הַגֵּר הַגָּר; *the stranger that sojourns in . . .*

[3] בַּעַל הַבַּיִת.

[4] *Said*, or *sware*; inf. with לְ.

[5] עֹבֵד ; עֲבֹדָה.

[6] מַשְׂכֹּרֶת.

[7] עשׁר, hif.

[8] *His neighbour.*

child.[9] He smiled like a happy[10] man; but there was gnashing[11] of teeth from the suppliant who sought justice. There was contentedness[12] on his features; but there was no milk in the breasts of the mothers who would fain have given suck." Then the people of the villages will say: "Allah is great: we curse no one!"

[9] *Satisfy his child with bread.* Gr. p. 133 (*b*).

[10] עֲלִיזֵי לֵב.

[11] חֲרַק שִׁנַּיִם.

[12] *His face shone.*

XI.

A Javanese Elegy.

I know not where[1] I shall die.
I saw the great sea on the south coast,
When I was there with my father making salt;
If[2] I die at sea, and my body be thrown into the deep water,
Then sharks[3] will come, and swim round my corpse, and ask,
"Which of us shall devour the body that goes down into the water?"
I shall not hear it!

[1] Gr. p. 136 (ii.); omit relat.

[2] Gr. pp. 157, 158.

[3] תַּנִּין.

I know not where I shall die.
I saw the corpse of Palisoe who died of old age;
For his hairs[4] were white:
If I die of old age, with white hairs,
Hired women[5] will stand weeping near my corpse;
And will make lamentation[6] like the mourners[6] over Palisoe's corpse;
And the grandchildren[7] will weep very loudly:[8]
I shall not hear it!

I know not where I shall die.
I have seen at Badoer many that were dead.
They were dressed in white shrouds, and were buried in the earth;
If I die at Badoer, and I am buried beyond[9] the village,
Eastward against the hill,[10] where the grass is high;
Then will Adinda pass by there,
And the border[11] of her dress will sweep softly along the grass:
I shall hear it!

[4] *The hairs of his head;* or, *white hairs were to him.*

[5] Cf. Isa. vii. 20, נְשֵׁי הַשְּׂכִירָה; or nif. ptcp. of שָׂכַר.

[6] אבל, qal impf., and hithpa. ptcp.; or מְבַכּוֹת, with accus. pers.

[7] *Sons of sons.*

[8] Cognate accus.

[9] *Without;* Gr. p. 117, line 4.

[10] *On the east before the hill.*

[11] כְּנַף מְעִילָהּ, 1 Sam. xxiv. 5.

XII.

The Preaching of the Buddha.

The angels[1] throng[2] to hear the discourse[3] until all the heavens are empty; and the sound[4] of their approach is like the noise of a storm, till at the blast[5] of the archangel's trumpet they become as still[6] as a waveless[7] sea. All nature[8] is moved; the everlasting hills on which the world is built[9] leap for joy, and bow themselves before the Teacher; the powers[10] of the air dispose all things as is most meet; gentle breezes sigh,[11] and delicious flowers[12] fill the air with their scent.[13]

[1] בְּנֵי אֱלֹהִים; or, קְדוֹשִׁים.

[2] הִתְגּוֹדֵד *troop together* (גְּדוּד *a troop*).

[3] אִמְרָה, or אִמְרֵי פִיו.

[4] *The voice of their goings (is) like a storm (that) roars.* Gr. p. 128 (1).

[5] *When the prince* (שַׂר הַמַּלְאָכִים) *of the angels blew the trumpet;* Gr. p. 152 (*d*).

[6] וַיִּשְׁקְטוּ, or וַיִּדֹּמוּ.

[7] Gr. p. 130, line 5; אין לו גלים.

[8] *All things tremble* (מוט, nif.).

[9] *Foundations of the earth,* מוֹסְדֵי הָאָ״.

[10] *The mighty ones of the expanse order all their realm fittingly.* Use הֵיטִיב, with inf. of ערך; Gr. p. 154, note.

[11] נָשַׁב *blow;* לְאַט *gently.* [12] *Flowers of delight.*

[13] *Emit fragrance,* נָתַן רֵיחַ, Cant. ii. 13.

The evening was like a lovely maiden; the stars were the pearls upon her neck, the dark clouds[14] her braided hair,[15] the deepening space[16] her flowing robe.[17] As a crown she had the heavens where[18] the angels dwell; these three worlds were as her body; her eyes were the white lotus flowers, which open[20] to the rising moon; and her voice was, as it were, the humming of the bees.[21]

To worship the Buddha,[22] and hear the first preaching of the word,[23] this lovely maiden came.

[14] חֶשְׁכַת עָבִים.

[15] מִקְשֶׁה רֹאשָׁהּ, Isa. iii. 24.

[16] *The deep of the heavens*; or, *circle of the heavens*, חוּג; or perhaps תֹּהוּ, Job xxvi. 7. Cf. also IX., 4, *supra*.

[17] פְּתִיגִיל.

[18] Gr. p. 136 (ii.), omit rel.

[20] פִּתַּח, Cant. vii. 13.

[21] כְּנֶהֱמַת דְּבֹרִים.

[22] *Prophet*, or *wise man*.

[23] *Beginning of his words*.

XIII.

Buddhist Ethics.

As the vassikā plant casts down[1] its withered blossoms,

[1] Job xv. 33; *as the olive casts away* (יַשְׁלִךְ) *its withered bloom* (נִצָּה).

So cast out utterly,[2] O [3] mendicants,[*] ill-will and lust.

Do no violence [4] to a Brahman,[5]
But neither let him fly at [6] his aggressor.
Woe [7] to him who strikes a Brahman!
More woe [8] to him who strikes the striker!

What is the use of plaited hair,[9] O fool!
What of a garment [10] of skins?
Your low yearnings are within you!
And the outside thou makest clean.[11]

He who, though he has committed no offence,
Endures reproaches, bonds, and stripes,[12]
And out of much endurance [13]

2 כָּלִיל, or כֹּל. 3 *O ye poor.*

* *Bhikkhavé, i.e.,* Buddhist monks, who lived on alms.

4 הֵרַע עִם, or עָשָׂה חָמָס. 5 *A priest.*

6 *Fall upon;* or, *turn his hand against. His aggressor,* קָמָיו, pl.

7 *Evil will befal* (אנה, pi.) *to ...*

8 *And he will increase* (רבה, hif. impf.) *evil ...*

7 8 Pro. xxiii. 29. אוֹי לְ ... אֲבוֹי לְ, or הוֹי ... וְגַם הוֹי.

9 Zec. xiii. 4. אַדֶּרֶת שֵׂעָר *a hair cloak.* Say, *wherefore to thee the hair cloak.* Isa. i. 11.

10 כְּתֹנֶת עוֹר, Gen. iii. 21.

11 *Thy face only thou washest.*

12 *And the whip,* וְשׁוֹט.

13 Cf. Pro. xvi. 32, מֵרֹב עַנְוָתוֹ.

Makes for himself a mighty army,[14]
He it is I call a Brahman.

[14] *Founds for himself strength;* Psa. viii. 3, יִסַּד עֹז.

NOTE.—The last stanza may be paraphrased thus : " Lo, the man who is without fault (אֵין, with ptcp.), and bears (ptcp.) reproach, etc., and from the greatness of his humility (or longsuffering, אֶרֶךְ אַפַּיִם) founds (impf.) for himself strength, to this man I will say, Priest." Isa. viii. 12.

XIV.

A Parable of the Sower.

A wealthy Brahman named Bhāradvāja was[1] holding his harvest home, when[2] the Teacher came and stood by with his bowl. Some of the people went up and paid him reverence; but[3] the Brahman was angry, and said,[4] Sramana,[5] I plough and[6] sow, and[7] having ploughed and sown I eat; it would be better[8] if you in

[1] הָיָה, with ptcp. *Was holding the feast of his harvest.*

[2] *And a man from the sons of the prophets came and stood by him, and his bowl in his hand.*

[3] *And.*   [4] In pause.

[5] *Ha, prophet!*   [6] וְגַם.

[7] *And I eat my bread in its season.*

[8] *Is it not good for thee to plough like me,* etc.

like manner were to plough and sow, and then you would have food to eat.

O Brahman, was the answer, I too plough and sow, and having ploughed and sown I eat.

You say you are a husbandman; but we see no signs of it,[9] said the Brahman. Where[10] are your bullocks, and the seed, and the plough? Then the Teacher answered, Faith is the seed I sow,[11] and good works[12] are as the rain *that* fertilizes[13] it; wisdom and modesty are the parts[14] of the plough, and my mind is the guiding[15] rein. I lay hold of the handle[16] of the Law; earnestness[17] is the goad I use;[18] and diligence is my draught-ox. Thus[19] this ploughing is ploughed, destroying the weeds of delusion. The harvest[20] that it

[9] *And thy work is not seen.*

[10] *Where they, the bullocks which to thee*, etc.

[11] *Draw forth*, מֹשֵׁךְ, ptcp. [12] *Works of justice.*

[13] *Makes it great.* [14] יָדוֹת *handles.*

[15] לִבְלֹם *for restraining*, Psa. xxxii. 9.

[16] *Staves of the Ark of Covenant;* בַּדֵּי אֲרוֹן הָעֵדוּת.

[17] מֵישָׁרִים *straightforwardness;* or say, *zeal for my work. Diligence* = יַד מְהֵרָה.

[18] Say, *I set, i.e.*, sharpen; נצב, hif., 1 Sam. xiii. 21.

[19] *So I plough the ground, ploughing and uprooting thorns of deceit;* Gr. p. 151 (*b*), inf. abs.

[20] *My harvest, and the reward of the toil of my business*

yields is the ambrosial fruit of Nirvāna,[21] and by this ploughing[22] all sorrow ends.

[21] Nirvāna = *extinction*, *i.e.*, of the passions. For this substitute, "fruit of the tree of life."

[22] *And by the works of my hands I make to cease sorrow and sighing.*

XV.

Buddhist Ethics.

He[1] who, himself not stainless,
Would wrap the yellow-stained robe around him,
He, devoid of self-control and honesty,
Is unworthy[2] of the yellow robe.

But he who, cleansed[3] from stains,[4]
Is well grounded in the precepts,[5]

[1] *He who longs to put on the robe of the 'éfód* (Ex. xxviii. 4). *And he profane, lacking honesty* (Ex. xviii. 21), *and not pure, that man*, etc.

[2] קָטֹן מִן; or say, *is not accounted a master of the 'éfód in honour.*

[3] טהר, hithpa. [4] נִדָּתוֹ.

[5] *And remembers the precepts to do them.*

And full of honesty and self-restraint,⁶
'Tis he who is worthy of the yellow robe.

The mendicant who controls his tongue,⁷ speaking wisely, and is not puffed up,⁸
Who throws light on ⁹ worldly and on heavenly things,
His word is sweet.¹⁰

That mendicant whose life is love,¹¹
Whose joy the teachings ¹² of the Buddha,
He will enter ¹³ the tranquil lot.

Let his livelihood be kindliness,¹⁴
His conduct righteousness.
Then in the fulness of gladness,¹⁵
He will make an end of grief.¹⁶

⁶ *And restrains himself* (אפק, hithpa.) *in the honesty of his heart* (תֹם).

⁷ Psa. xv. 3, *does not slander;* or Pro. xxi. 23, *keepeth his tongue.*

⁸ *His heart is not high,* Psa. cxxxi. 1.

⁹ *Teaches his people.* הִזְהַר, str. illustravit.

¹⁰ *He uttereth goodly words,* Gen. xlix. 21.

¹¹ *The law of kindness upon his soul.*

¹² לֶקַח. Cf. Psa. i. 2.   ¹³ *Inherit.*

¹⁴ *Kind in all his works, and just in all his actions.*

¹⁵ שֹׂבַע שְׂמָחוֹת, Psa. xvi. 11.

¹⁶ Isa. xxi. 2, הִשְׁבִּית אֲנָחָה.

XVI.

Paraphrase of Othello,

Act iv., sc. 3, 22.

Emilia.—Lo, I have put the coverlets on thy bed, as thou didst bid.

Desdemona.—What difference between coverlet and [1] coverlet? *Is* not one like another?
How do we resemble children, and folly *is* bound up with our heart!
If I die before thou diest, clothe my body, Emilia, in this linen robe.[2]

Emil.—Utter not with thy lips words like that![3]

Desde.—My mother had a maid betrothed to a man, and her name *was* ʿAzúba;[4]
And her lover became mad,* and forsook her, and went his way.
And in her mouth was set a song of old, by name, The Willows of the Brook,
The words of which were sweet to a broken-hearted [5] maid like ʿAzúba.

---

[1] *To.*   [2] אֶת־תַּכְרִיךְ בּוּץ הַזֶּה.

[3] *Thou shalt not make go forth with thy lips according to that word.*

[4] עֲזוּבָה *Forsaken*   * *Mad,* מְשֻׁגָּע.

[5] לַעֲצוּבַת רוּחַ.

And she sang that song at the time of her soul's going forth.
And I, I have set to-night that song before mine eyes,
And almost do I crave to sing *it*, as did 'Azúba:—
But make haste! Complete thy task!

(*Desde. begins to sing.*) Under *the* Oak of Weeping 'Azúba *is* weeping for the husband of her youth:
The willows weep, they shiver, for the broken heart[6]
Of her that pineth away[7] through love:
Her hand on her head, and her head between her knees:
Shriek, wail, *ye* willows! willows! willows!
Her eyes were red from weeping, and stones were moistened by her tears:—
(*To Emil.*) Put this aside,[8] Emilia!
Shriek, wail, ye willows! willows! willows!
(*To Emil.*) Make haste, complete thy work, he will come in a moment.
Among the willows of the brook when I die, crown ye me with a garland!
Even in his wrath I love him; speak ye no treason[9] against him,—
But not so *is* the end of the song. Lo, he *is* knocking![10]
Emil.—It is not he; only the wind bloweth![11]

[6] שֶׁבֶר.

[7] הָאֻמְלָלָה בְּאֲהָבִים.

[8] מִיָּדֵךְ.

[9] סָרָה.

[10] דֹּפֵק.

[11] Nif. ptcp.

XVII.

Paraphrase of Othello ('Ithi'él),

Act v., sc. 2, 259.

See, a sword in my hand!
A better than it thou hast not seen on warrior's thigh.
I remember the days that with my sword that[1] *is* in my hand
I clove me a path between twenty obstacles[2] like thee.
But in vain[3] do I boast now; for the wheel has turned,[4]
And who can reverse[5] its revolution? Fear not me!
And let not my sword scare thee! Lo, I am come to my end!
Here is the limit of my life;[6] here the shore to my ship!
And wherefore, then, shouldst dread me?
Even at the shaking of a feeble reed 'Ithi'él would turn backward!
Nay, whither[7] am I to go?
How can I look on thy face, victim of wrath,[8] destroyed, faded flower!
Thy face *is* white as the snow, and thy flesh cold as the ice!
When we shall stand in the judgment,

[1] זוּ.
[2] פְּגָעִים.
[3] לַשָּׁוְא.
[4] Nif.
[5] שׁוּב, hif.
[6] חֶלֶד.
[7] Gr. p. 150 (*c*).
[8] זְעוּמָה.

Shall I not at the sight of thine eyes throw myself from
heaven to the underworld, between evil angels?
Cursed *art* thou, treacherous slave!
Come, ye ghouls and demons, smite me, hack[9] me to
pieces!
That I may not look thither, towards the desire of my
eyes!
Put my flesh in burning sulphur! Scatter my dust to
the wind!
And bring down my soul to streams of fiery torrents!
Alas! my wife! my wife! my dead!
Woe's me! woe's me!

[9] גְּזָרוּנִי לִגְזָרִים.

XVIII.

Paraphrase of Othello,

Act iv., sc. 2, 47.

O that God had tried me with abundant distress and
disaster![1]
O that he had rained on my head fire and brimstone
from heaven!
Given my substance to plundering,[2] so that my bread
and my clothing I lacked!
Or made me walk in captivity, without[3] a hope of the
future,[4]

[1] צָרָה וְצוּקָה, Isa. xxx. 6.
[2] בִּזָּה, from בָּזַז.
[3] בְּאֶפֶס.
[4] *And hereafter*, אַחֲרִית.

Still should I find comfort, still all my life (would be) within me!

But to set me up as a mark[5] for the arrows of scorn and contumely,[6]

To become a gazing-stock[7] all day long, and a laughing-stock to every passer-by,—

Alas! who could stand *it?*

Yet even in an iron furnace[8] like that, may be[9] I could play the man,[10] and I should come forth purified.

But he hath destroyed the fountain[11] from which *are* the springs of my life![12]

And my well, upon which I live, or cease *to be,*

Has become a well of alien trouble, full of scum[13] and abomination.

Therein the melting snail[14] walks, and frogs leap[15] there,

And who can longer hope in this vale of misery?[16]

[5] מַטָּרָה.

[6] לַעַג וָקֶלֶס, Psa. xliv. 14

[7] רָאֲוָה, Eze. xxviii. 17.

[8] כּוּר.

[9] אוּלַי.

[10] גבר, hithpa. impf. pausal.

[11] מַבּוּעַ.

[12] Pro. iv. 23, תּוֹצְאוֹת חַיִּים.

[13] Lam. iii. 45, סְחִי וּמָאוֹס.

[14] Psa. lviii. 9. שַׁבְּלוּל *snail.* תֶּמֶס *melting,* liquefactio. (The passage in the Psalm is: kᵉmó shablul temes yahălok, *i.e., like the snail which departs a-melting* = perishes by melting.)

[15] כִּרְכֵּר.

[16] עָכוֹר.

And now, change thy visage,[17] O Patience,[18] though thou
be young and fair as an angel of God,
And become hideous [19] as an apostate [20] spirit!

[17] Or, *make thy face fall.*

[18] בַּת עֲנָוָה.

[19] רַע מַרְאֶה.

[20] סֹרֵר.

XIX.

The Power of Imagination.

Hip.—'Tis strange, my Theseus, that these lovers
speak of.
Thes.—More strange than true.[1] I never may believe
These antique fables,[2] nor these fairy toys.
Lovers and madmen have such seething brains,[3]
Such shaping fantasies, that apprehend
More than cool reason ever comprehends.
The lunatic, the lover, and the poet,[4]
Are of imagination all compact:[5]

[1] *Things wonderful above the truth.*

[2] *Trifles of yore* (בַּדֵּי־קֶדֶם) *and words of vanity like these.*

[3] *For the spirit of the lover and the maniac* (מְשֻׁגָּע) *boils over much* (הִבִּיעַ), *and their heart fashions vanities* (הֶבֶל) *above all that a man of sense* (הַשְׂכֵּל) *understands.*

[4] *The man pleasant of songs* (נְעִים זְמִירוֹת); or, *the singer*, שִׁיר, pil. ptcp.

[5] *What are these if not seers of vanity and nothingness?*

One sees more devils⁶ than vast hell can hold;⁷
That is the madman: the lover, all as frantic,⁸
Sees Helen's beauty in a brow of Egypt:
The poet's eye, in a fine frenzy rolling,⁹
Doth glance from heaven to earth, from earth to heaven;
And as imagination bodies forth¹⁰
The forms of things unknown, the poet's pen
Turns them to shapes, and gives to airy nothing¹¹
A local habitation, and a name.—*Shakespeare.*

⁶ שֵׁדִים; orig. *lords* (Assyr. *demigods*).

⁷ *Many above Sh^e'ôl.*

⁸ תָּעָה, hif. ptcp. *And this one wanders like his neighbour, and the brow* (מֵצַח) *of the Egyptian is fair in his eyes.*

⁹ *The singer's eye looks to the heaven above and to the earth beneath*, Isa. li. 6; Gen. xv. 5 (Gr. p. 113), *in his exalted frenzy.*

¹⁰ *When he sees in his heart* ... Gr. p. 152 (*d*), *then he gives with his pen* (חֶרֶט) *a form to them.*

¹¹ *And to a breath of nothingness he gives* (impf.) *a place of dwelling and a name.*

XX.

Puck.

Now the hungry lion roars,¹
And the wolf behowls the moon;

¹ *A sound of roaring of hungry lion!*

Whilst the heavy ploughman[2] snores,
All with weary task fordone.[3]

Now the wasted[4] brands do glow,
Whilst the scritch-owl,[5] scritching loud,[6]
Puts the wretch[7] that lives in woe
In remembrance of a shroud.

Now it is the time of night,
That the graves all gaping wide
Everyone[8] lets forth his sprite
In the church-way[10] paths to glide:[9]

And we fairies[11] that do run
By the triple Hecate's team,
From the presence of the sun,
Following darkness like a dream,

Now are frolic: not a mouse[12]
Shall disturb[13] this hallowed house:

[2] *Man of the ground;* or אִכָּר.

[3] *For with toil of his hands he is wearied;* or, *wearied in strength,* יְגִיעַ כֹּחַ.

[4] *Burning;* or, גַּחֲלֵי אֵשׁ. [5] לִילִית.

[6] *Shrilling* (צהל, pi.) *her voice.*

[7] *Reminds the reclining one whose heart is sad* (כָּאֵב) *of the garments of the grave.*

[8] Gr. p. 50, line 1. [9] Gr. p. 142, *ad fin.*

[10] *The field of the dead.*

[11] *And we are sporting, the runners of the chariot to Ashtóreth threefold of form* (מְשֻׁלֶּשֶׁת־תֹּאַר).

[12] עַכְבָּר. [13] עָרַץ, *affright.*

I am sent, with broom,[16] before[14]
To sweep[15] the dust behind the door.—
Shakespeare.

[14] לְפָנִים. [15] טַאְטֵא.
[16] מַטְאֲטֵא.

XXI.

Althaea's Brand.

She has filled with sighing the city,
And the ways thereof with tears:
She arose, she girdled[1] her sides,
She set her face as a bride's:
She wept, and she had no pity:[2]
Trembled, and felt no fears.[2]

Her eyes were clear as the sun,[3]
Her brows were fresh as the day:[4]
She girdled[5] herself with gold,
Her robes were manifold:
But the days of her worship[7] are done,[6]
Her praise is taken away.

[1] חָגַר מָתְנַיִם. [2] Pausal forms.

[3] Cant. vi. 10; or, *the brightness of her eyes as the sun.*

[4] Job xli. 10, *her eyelids like the dawn.*

[5] אזר, hithpa. with accus.

[6] Isa. lx. 20, שָׁלֵם. [7] *Honour.*

She set her hand to the wood,[8]
She took[9] the fire in her hand:
As one who is nigh to death,
She panted with strange[10] breath:
She opened her lips unto blood,[11]
She breathed,[12] and kindled the brand.[13]

Atalanta in Calydon, p. 82.

[8] Plur. = *firewood*.

[9] יַחְתֶּה, חָתָה.

[10] זָר.

[11] Plur.

[12] נָפַח.

[13] אוּד.

XXII.

From the Same.

For death is deep as the sea,
And fate[1] as the waves thereof.
Shall the waves take pity on thee,
Or the southwind offer thee love?
Wilt thou take[2] the night for thy day,
Or the darkness for light on thy way,
Till thou say in thine heart, Enough?[3]

Behold thou art fair,[4] thou art over wise;
The sweetness of spring[5] in thine hair, and the light in thine eyes.

[1] *Decree* (נֶחֱרָצָה) *of God*; or חִקְקֵי *decrees*. Or, אֲבַדּוֹן *destruction*.

[2] שִׂים לְ.

[3] רַב.

[4] יְפֵיפִית.

[5] עֵת חַיָּה, Gen. xviii. 10.

The light of the spring in thine eyes, and the sound in thine ears;
Yet thine heart shall wax heavy with sighs, and thine eyelids with tears.
Wilt thou cover[*] thine hair with[6] gold, and with silver thy feet?
Hast thou taken the purple to fold thee, and made thy mouth sweet?[7]
Behold, when thy face is made bare, he that loved thee shall hate:
Thy face shall be no more fair at the fall of thy fate.[8]
For thy life shall fall as a leaf, and be shed[9] as the rain;
And the veil of thine head shall be grief; and the crown shall be pain.

[*] Cf. Eze. xvi. 10, et seq. [6] Gr. p. 133 (*a*).

[7] Cf. Cant. v. 16; say, *sweetened thy palate,* הִמְתִּיק חֵךְ.

[8] *In the day thou art humbled* (שֻׁפַּל) *and fallest.*

[9] נָזַל, יִזַּל; or שׁפךְ, nif.

XXIII.

From "A Song in time of Revolution."

The heart of the rulers is sick,[1] and the high-priest covers[2] his head:
For this is the song of the quick that is heard in the ears of the dead.

[1] Isa. i. 5. [2] 2 Sam. xv. 30.

The poor and the halt and the blind are keen [3] and mighty and fleet:
Like the noise of the blowing of wind is the sound of the noise [4] of their feet.

They are smitten, they tremble [5] greatly, they are pained [6] for their pleasant things;[7]
For the house of the priests made stately,[8] and the might in the mouth of the kings.

They are grieved and greatly afraid; they are taken, they shall not flee:
For the heart of the nations is made as the strength [9] of the springs of the sea.

They were fair in the grace of gold, they walked with delicate feet:[10]
They were clothed with the cunning of old,[11] and the smell [12] of their garments was sweet.

For the breaking of gold in their hair they halt [13] as a man made lame:

[3] Hab. i. 8, חדד. [4] רַעַשׁ.

[5] Psa. vi. 4, בהל. [6] צַר לְ . . . עַל.

[7] מַחֲמַדִּים.

[8] סָפוּן בָּאֶרֶז, *floored with cedar.*

[9] אֵיתָן.

[10] Isa. iii. 16, הָלוֹךְ וְטָפוֹף הָלַךְ.

[11] *The work of the wise of old their clothing*, Jer. x. 9.

[12] Gen. xxvii. 27. [13] צֹלֵעַ, Gen. xxxi. 32.

They are utterly naked[14] and bare; their mouths are bitter with shame.[15]

[14] Mic. i. 8, שׁוֹלָל וְעָרוֹם.
[15] *Shame is bitter in their mouth.*

XXIV.

From the Same.

But the arm of the elders is broken, their strength[1] is unbound and undone:
They wait for a sign of a token; they cry, and there cometh none.

Their moan is in every place, the cry of them filleth the land:
There is shame in the sight of their face, there is fear in the thews[2] of their hand.

They are girdled about the reins with a curse[3] for the girdle thereon:
For the noise of the rending[4] of chains the face of their colour[5] is gone.

For the sound of the shouting of men they are grievously stricken at heart;

[1] *Their loins he hath loosened*, Isa. xlv. 1.
[2] *Sinew*, גִּיד.   [3] Psa. cix. 18, 19.
[4] שֶׁבֶר.
[5] *Their faces pale*, יֶחֱוָרוּ, Isa. xxix. 22.

They are smitten asunder with pain, their bones are smitten apart.

There is none of them all that is whole; their lips gape open for[6] breath;
They are clothed with sickness of soul, and the shape[7] of the shadow of death.

[6] *For lack of . . .*

[7] Psa. xliv. 20, *with the shadow*, etc., *are they covered;* or, *the shadow*, etc., *is their covering.*

XXV.

"*I am the Resurrection.*"

Then[1] when Jesus came, he found[2] that he had lain in the grave four days already.
Now Bethany[3] was nigh unto Jerusalem, about[4] fifteen furlongs[5] off.
And many of the Jews had come to Martha and Mary,[6]
To comfort them concerning their brother.

[1] וְכַאֲשֶׁר, with pf.; or impf. with strong waw.

[2] Say, *found him.*

[3] בֵּית־עֲנְיָה. [4] כְּ.

[5] כִּבְרַת הָאָרֶץ *a kibra of ground* (exact equivalent not known). Gr. p. 132 (*a*); simple accus.

[6] מִרְיָם.

Then Martha, as soon as she heard that Jesus *was* coming, went[7] and met him;
But Mary still sat[8] in the house.
Martha, then, said to Jesus,
Lord, if[9] thou hadst been here, my brother had not died!
But[10] even now I know[11] that whatever thou shalt ask of God, God will grant thee.
Jesus saith unto her,
Thy brother will rise *again!*
Martha saith unto him,
I know that he will rise in the resurrection[12] at the last day.
Jesus said unto her,
I AM THE RESURRECTION AND THE LIFE.
HE THAT BELIEVETH IN ME, EVEN IF[13] HE HAVE DIED, SHALL LIVE!
AND WHOSOEVER LIVETH AND BELIEVETH IN ME SHALL NEVER DIE.
Believest thou this?
She saith unto him, Yea,* Lord,
I have believed that thou art the Christ, the Son of God, who was coming[14] into the world.

---

[7] Gr. p. 117, line 1.

[8] Ptcp.; Gr. p. 149 (*a*).   [9] Gr. p. 158, 4.

[10] אַךְ.   [11] Pf., Gr. p. 140, *ad init.*

[12] תְּחִיָּה *reviving,* תְּקוּמָה *rising;* rabb. synonyms.

[13] Gr. p. 158 (2).   * אָמְנָם.

[14] Ptcp.

XXVI.

Raising of the Widow's son.

And it came to pass the day after, that[1] he went into a city called[2] Naín:
And many of his disciples went with him, and much people.[3]
Now when he came nigh to the gate of the city,
Behold,[4] there was a dead man being carried forth,[5] an only son to his mother, and she a widow;
And much people of[6] the city *was* with her.
And when[7] the Lord saw her he had compassion[8] on her,
And said unto her, Weep not.[9]
And he came[10] and touched the bier,
And the bearers stopped.[*]
And he said, Young man, I bid thee, rise!
And the dead sat up,[11] and began to talk:

[1] Impf. with strong waw, Gr. p. 145, 1.

[2] *And its name.*

[3] קָהָל גָּדוֹל *a great gathering.*

[4] Use waw.

[5] Ptcp. act. = *men were bearing.*

[6] מִן *belonging to* . . . of origin; 1 Sam. i. 1.

[7] Gr. p. 152 (*d*).

[8] חוּס עַל; impf. יָחוּס.

[9] Gr. p. 143, 1, note 1.

[10] *Came near.*

[*] Pf. in pause.

[11] *Arose and sat.*

And he gave him to his mother.
And there came a fear on all,
And they glorified God, saying,
A [12] great prophet hath arisen [13] amongst us,
And God hath visited [13] his people!

[12] Use כִּי; Gr. p. 162, 1, 2.
[13] Both pfs., Gr. p. 139, 2.

XXVII.

The Beatitudes and Woes.

And he lifted up his eyes upon his disciples, and said:
Blessed [1] are ye poor,
For yours is the kingdom of God!
Blessed are ye that hunger now,
For ye shall be filled! [2]
Blessed are ye that weep now,
For ye shall laugh!
Blessed [3] are ye when men shall hate you,
And when they shall ban [4] you, and reproach you,
And cast out your name as evil,
For the Son of Man's sake!
Rejoice ye in that day, and leap for joy,

[1] אַשְׁרֵי, *O the bliss of the poor!* Use the 3 pers. in the first three couplets.

[2] *Satisfied.* Use the *pausal* form.

[3] אַשְׁרֵיכֶם.   [4] הִפְרִיד *separate.*

For lo, your reward *is* great in the heavens;
For such things did their fathers to the prophets.

But woe unto you the rich,
For ye have received your consolation.[5]
Woe unto you that are full,
For ye shall hunger:
Woe unto you that laugh now,
For ye shall mourn and weep!
Woe unto you when all men shall speak well[6] of you,
For so did their fathers to the false prophets.[7]

But I say unto you that hear,
Love your enemies,*
Do good to those who hate you,*
Bless those who curse you,*
And pray for[8] those who deal* despitefully[9] with you.

[5] תַּנְחוּמוֹת.

[6] *Praise.*

[7] *Prophets of lying.*

* Ptcps. with suffix.

[8] הִתְפַּלֵּל בְּעַד.

[9] צֹרֵר *oppressor.*

XXVIII.

"*Jesus lives! Alleluia!*"

Jesus lives![1] no longer now
　　Can thy terrors, death, appal us;

[1] חַי.

Jesus lives! by this we know
  Thou, O grave, canst not enthral us.[2]
                                        Alleluia![10]

Jesus lives! henceforth is death
  But the gate of life immortal;
This shall calm our trembling breath,[3]
  When we pass its gloomy[4] portal.
                                        Alleluia!

Jesus lives! for us He died;
  Then, alone[5] to Jesus living,
Pure in heart may we abide,
  Glory to our Saviour giving.
                                        Alleluia!

Jesus lives! our hearts know well[6]
  Nought from us His love shall sever;[7]
Life, nor death, nor powers of hell[8]
  Tear us from his keeping ever.
                                        Alleluia!

[2] *Lead us captive*, שָׁבָה שֶּׁבִי׃, Psa. lxviii. 19.

[10] הַלְלוּ־יָהּ.

[3] *Therefore shall the breath of our fear be stilled* (הִשְׁקִיט).

[4] Cf. turning of last clause.

[5] *For Him and not for another.*

[6] Say, *we believe.*

[7] *Nought will divide between us and His love.*

[8] חֶבְלֵי שְׁאוֹל.

Jesus lives! to Him the throne
Over all the world is given;
May we go⁹ where He is gone,
Rest and reign with Him in heaven.
     Alleluia! Amen.

⁹ Gr. p. 159, N.B.

XXIX.

Evening Hymn.

God who¹ madest earth and heaven,
 Darkness and light,
Who¹ the day for toil hast given,
 For rest the night:
May thine angel guards defend us,²
Slumber sweet thy mercy send us,³
Holy dreams and hopes attend us,⁴
 This live-long night!

NOTE.—Each stanza should form *six* Hebrew lines.

¹ *Thou.*

² *O protect us with the watch of thine angels!* Psa. v 12; סכך, hif.

³ *Make sleep fall*, etc., *in thy mercy.*

⁴ *Send to us thoughts* (שְׂעִפִּים) *of thy justice in visions, in the watches of the night.* Job iv. 13.

Guide us waking,[5] guard us sleeping,
　And when we die,
May we [6] in thy holy keeping
　All peaceful lie!
When [7] the last [8] dread [9] call shall wake us,
Do not thou, our God, forsake us,
But to reign in glory take us,
　With thee on high![10]

[5] ב, with inf.　　[6] *Make us rest.*

[7] Begin with אַל־נָא.

[8] *In the day of the trumpet.*

[9] *In the dreadful day, and who can endure it!* Gr. p. 142, note *ad init.*

[10] *In the lofty places of the heights of thy heavens.*

XXX.

"*Sun of my Soul.*"

Sun of my soul, thou Saviour dear,[1]
It is not night if thou be near;[2]
O may no earthborn [3] cloud arise,
To hide thee from thy servant's eyes!

[1] Begin, *My beloved! My Saviour!*

[2] *At the brightness of thy rising darkness has fled.*

[3] Psa. x. 18.

When the soft dews of kindly sleep
My wearied eyelids gently steep,[4]
Be my last thought how sweet to rest
For ever on my Saviour's breast.[5]

Abide with me from morn till eve,[6]
For without thee I cannot live;
Abide with me when night is nigh,
For without thee I dare not die.[7]

If[8] some poor wandering child of thine
Have spurned to-day the voice divine,
Now, Lord, the gracious work begin,
Let him no more lie down in sin.

Watch by the sick,[9] enrich the poor
With blessings from thy boundless store;[10]
Be every mourner's sleep to-night
Like infant's[11] slumbers, pure[12] and light.

[4] *When pleasant sleep has fallen upon my eyelids,*
Gently descending like the dew upon grass.

[5] *O that* (Gr. p. 160, *ad init.*) *then I might say in my heart.*
How happy to repose (לִין) *in my Saviour's breast*
(חֵיק) *for ever!* Psa. cxxxiii. 1.

[6] עֲדֵי נֶשֶׁף *twilight.*

[7] *Terrors of death will fall upon me.* Psa. lv. 5.

[8] Interrog.; *Hath a man rejected . . . ?*
Like a perverse (שֹׁבֵב) *son (that) chooseth not to hearken.*

[9] אָנַשׁ, nif.

[10] *From the wealth of the storehouse of the fulness of thy blessings.*

[11] ינק, ptcp.

[12] *Without sin.*

Come near, and bless us, when we wake,
Ere through the world our way we take;[13]
Till in the ocean of thy love
We lose ourselves in heaven above![14]

[13] *When we go forth to our works until evening.* Gr. p. 37 (*a*).

[14] *And in our end* (אַחֲרִית) *may we rejoice* (ענג, hithpa.)
in the abundance of thy love,
In the greatness of the delights of thy heaven!

XXXI.

Reading from the Pirké Abhoth.

עֲקַבְיָא בֶּן־מַהֲלַלְאֵל אוֹמֵר, הִסְתַּכֵּל[a] בִּשְׁלשָׁה דְבָרִים,
וְאֵין אַתָּה בָא לִידֵי עֲבֵרָה,[b] דַּע מֵאַיִן בָּאתָ, וּלְאָן אַתָּה
הוֹלֵךְ, וְלִפְנֵי מִי אַתָּה עָתִיד[c] לִתֵּן דִּין וְחֶשְׁבּוֹן[d].
מֵאַיִן בָּאתָ (?) מִטִּפָּה[e] סְרוּחָה, וּלְאָן אַתָּה הוֹלֵךְ (?)

[a] *Reflect on three things;* rabb. = Heb. הִשְׂכִּיל.

[b] *Sin*, lit., *transgression;* rabb.

[c] 'athid littén = daturus es, *thou art going to give.* 'athíd = *ready.* littén, rabb. = lathéth.

[d] *Reckoning, account.*

[e] *From an unclean germ* (lit., *foul drop*).

לִמְקוֹם עָפָר רִמָּה[f] וְתוֹלֵעָה, וְלִפְנֵי מִי אַתָּה עָתִיד לִתֵּן דִּין וְחֶשְׁבּוֹן (?)

לִפְנֵי מֶלֶךְ מַלְכֵי הַמְּלָכִים הַקָּדוֹשׁ בָּרוּךְ הוּא:

רַבִּי יַעֲקֹב אוֹמֵר, הָעוֹלָם הַזֶּה דּוֹמֶה[g] לִפְרוֹזְדוֹר[h] בִּפְנֵי הָעוֹלָם הַבָּא,

הַתְקֵן[k] עַצְמְךָ בִּפְרוֹזְדוֹר כְּדֵי שֶׁתִּכָּנֵס[l] לַטְּרַקְלִין:[m]

הוּא הָיָה אוֹמֵר, יָפָה שָׁעָה[n] אַחַת בִּתְשׁוּבָה[o] וּמַעֲשִׂים טוֹבִים בָּעוֹלָם הַזֶּה מִכֹּל חַיֵּי הָעוֹלָם הַבָּא, וְיָפָה שָׁעָה אַחַת שֶׁל קֹרַת[p] רוּחַ בָּעוֹלָם הַבָּא מִכֹּל חַיֵּי הָעוֹלָם הַזֶּה:

[f] Both words mean *worm.*

[g] דָּמָה *to be like.*

[h] Πρόθυρον, porticus, vestibule.

[k] *Prepare*, hif. תקן; rabb. use.

[l] *Enter*, nif. כָּנַס; rabb. use.

[m] Triclinium = *palace* or *dining-hall.*

[n] *An hour.*

[o] *Repentance.*

[p] Refrigerium animi, *refreshing of the spirit;* rabb.

XXXII.

The Value of the Law.

Rabbi Yosé ben Qisma[1] said: I was[2] once travelling

[1] יוֹסֵי בֶּן קִסְמָא.

[2] Use הָיָה, with pi. ptcp. of הָלַךְ.

on the road,[3] and met[4] a man who saluted[4] me with, Peace, and I returned[4] his salutation. He *then* said unto me, Rabbi, whence art thou?[5] I answered him, I come[6] from a great city abounding in sages and scribes. He *then* said to me, *If*[7] thou *art* willing to dwell with us in our city, I will give thee thousands of gold dínars, besides diamonds and pearls. *Whereupon* I answered him, If thou wouldst give[8] me all *the* silver and gold, diamonds and pearls, that are in the world,[9] I would not[10] dwell save[11] in a place[12] *where the* law *is studied;* for thus *is it* written[*] in the Book of Psalms,[14]

[3] *In the road;* pausal form.

[4] All these verbs are pfs. with waw. Say, *and there met me one man, and gave me peace, and I returned to him peace. Returned*, הֶחֱזִיר, from the Chald. use.

[5] מֵאֵיזֶה מָקוֹם אַתָּה.

[6] *From a great city of wise men*, etc., *I* (pausal pron.). *Of* expressed by שֶׁל, a very common rabb. pt. = לְ + שֶׁ = אֲשֶׁר לְ.

[7] Say, *Thy pleasure* (רְצוֹן) *that thou dwell* (שֶׁתָּדוּר) *with us, in our place, and I, I will give thee a thousand of thousands in dínars* (דִּינָרֵי) *of gold, and goodly stones, and pearls* (מַרְגָּלִיּוֹת, cf. μαργαρίτη).

[8] Ptcp. = *about to give.*

[9] שֶׁבָּעוֹלָם *which (are) in the world.*

[10] אֵינִי דָר.

[11] אֶלָּא, rabb. from Chald. = אִם־לֹא.

[12] *A place of law.*

[*] Ptcp. m.

[14] סֵפֶר תְּהִלִּים.

by[13] David, king of Israel, **Better**[15] **is thy law**[16] **to me than thousands of gold and silver.**[17] Besides,[18] at the time of man's departure from this world, he is not[19] accompanied either by silver or gold, by diamonds or pearls, but by the law and by good deeds only,[20] as it is written,[21] **When**[22] **thou walkest it shall lead thee, when thou liest down it shall watch over thee, and when thou awakest**[23] **it shall talk with thee.**[24] "When thou walkest it shall lead thee," *that is*, in this world; "when thou liest down it shall watch over thee," *that is*, in the grave;[24] and "when thou awakest it shall talk with thee," in the future world.[25] And it is said,[26] **The**

[13] עַל יְדֵי.

[15] Gr. p. 137, 1.

[16] *Law of thy mouth.*

[17] Pausal form.

[18] *And not, further, is it the case that, at the hour of his departure, i.e., of man*, etc. וְלֹא עוֹד שֶׁבִּשְׁעַת פְּטִירָתוֹ שֶׁל אָדָם. שָׁעָה = *moment*, in Daniel; Arab. sa'at, *hour*. Peṭira is rabb.

[19] Use אֵין, and ptcp. pi. of לָוָה = *cleave to . .* , rabb. Say, *cleave not to him, i.e., to man, not* (lo') *silver and gold*, etc.

[20] בִּלְבַד.

[21] Nif. pf. 3 sing. m. with ·שֶׁ prefixed.

[22] Inf. hithpa. with prefix and suffix, Gr. p. 152 (*d*).

[23] קוּץ, pf. hif. with waw conv.

[24] תְּשִׂיחֶךָ (שִׂיחַ); use pausal forms.

[25] לָעוֹלָם הַבָּא.

[26] Ptcp., *and one saith to me;* impers. use.

silver is mine, and the gold is mine, saith[27] **the Lord of Hosts.**

[27] נְאֻם = *utterance, oracle.* Constr. of unused abs. נָאוּם *uttered.*

XXXIII.

Reading from the Pirké Abhoth.

אַרְבַּע מִדּוֹת [a] בְּאָדָם, הָאוֹמֵר שֶׁלִּי שֶׁלִּי [b] וְשֶׁלְּךָ שֶׁלָּךְ,
זוֹ מִדָּה בֵינוֹנִית, [c] וְיֵשׁ אוֹמְרִים זוֹ מִדַּת סְדוֹם·
שֶׁלִּי שֶׁלְּךָ וְשֶׁלְּךָ שֶׁלִּי, עַם־הָאָרֶץ· [d]
שֶׁלִּי שֶׁלָּךְ וְשֶׁלְּךָ שֶׁלָּךְ, חָסִיד·
שֶׁלְּךָ שֶׁלִּי וְשֶׁלִּי שֶׁלִּי, רָשָׁע·
אַרְבַּע מִדּוֹת בְּדֵעוֹת· [e] נוֹחַ [f] לִכְעוֹס וְנוֹחַ לִרְצוֹת, [g]

[a] Heb., *measure;* rabb., mores, *dispositions, natures, characters.*

[b] *What is mine is mine,* or *what I have is mine.*

[c] *Middle,* between the extremes of bad and good.

[d] *Common people.*

[e] *Temperaments.*

[f] *Easy.*

[g] *To be pleased;* here *to be appeased, pacified;* pi. in rabb. = *to pacify.*

יָצָא הַפְסֵדוֹ [h] בִּשְׂכָרוֹ · קָשֶׁה לִכְעוֹס וְקָשֶׁה לִרְצוֹת,
יָצָא שְׂכָרוֹ בְּהַפְסֵדוֹ · קָשֶׁה לִכְעוֹס וְנוֹחַ לִרְצוֹת, חָסִיד ·
נוֹחַ לִכְעוֹס וְקָשֶׁה לִרְצוֹת, רָשָׁע ·
אַרְבַּע מִדּוֹת בְּתַלְמִידִים · מָהִיר לִשְׁמוֹעַ וּמָהִיר לְאַבֵּד, [k]
יָצָא שְׂכָרוֹ בְּהַפְסֵדוֹ · קָשֶׁה לִשְׁמוֹעַ וְקָשֶׁה לְאַבֵּד,
יָצָא הַפְסֵדוֹ בִּשְׂכָרוֹ · מָהִיר לִשְׁמוֹעַ וְקָשֶׁה לְאַבֵּד,
זוֹ חֵלֶק טוֹב · קָשֶׁה לִשְׁמוֹעַ וּמָהִיר לְאַבֵּד, זוֹ חֵלֶק רָע :

[h] Hif. inf. of פסד *to lose, corrupt, destroy.* "His loss goes away (= disappears through) his gain."

[k] *To forget.*

XXXIV.

The Almsgiver and the Student.

Four dispositions *are found* among those who give alms.[1] *There is* he who is willing to give,[2] but[3] *who does* not *wish* others to give; he has an evil eye[4] towards others. *There is he who wishes* others to give,[5]

[1] צְדָקָה.

[2] *He who is willing that he may give*, ptcp. of רָצָה, followed by ·שֶׁ and impf.

[3] Simply וְלֹא, and impf. 3 pl.

[4] Say, *his eye evil;* בְּשֶׁל = *in what belongs to* = *as regards* = *towards;* rabb.

[5] These and the following verbs are all impf. וְהוּא sed ipse.

PIECES FOR COMPOSITION. 187

but who will not give[5] himself; he has an evil eye towards himself.[6] *He who is willing* to give,[5] and *wishes* others to give,[5] *is* pious. *He who* neither gives[5] *himself*, nor *wishes* others to give,[5] *is* wicked.

Four dispositions *are found* among those who go to college.[7] *There is* he who goes, but does not[8] work; the reward of going is all he gets.[9] *There is* he who works, but does not go; he gets the reward of work. He who goes and works is pious. He who neither goes nor works is wicked.

Four dispositions *are found* among those who sit *for instruction* before *the* wise: the sponge, and the funnel, the strainer, and the sieve.[10] The sponge *is*[11] that which sucks in[12] everything; the funnel, that which takes[13] in at one end,[14] and gets rid of[15] at the other; the strainer is what gets rid of the wine, but retains[16] the lees;[17] and the sieve is that which gets rid of the bran,[18] but retains the flour.[19]

6 בְּשֶׁלּוֹ.

7 בֵּית הַמִּדְרָשׁ *house of study*, rabb.

8 אֵין, with suffix, followed by ptcp.

9 *The reward of going* (הֲלִיכָה) *is in his hand.*

10 סְפוֹג, cf. σπόγγος. מַשְׁפֵּךְ, fr. שפך *to pour.* מְשַׁמֶּרֶת, pi. ptcp. of שמר *to keep.* נָפָה, fr. נוף *to shake.*

11 שֶׁהוּא.

12 סוֹפֵג.

13 Ptcp. hif. of כָּנַס *to gather*, with prefix ·שֶׁ.

14 בְּזוֹ . . . בְּזוֹ, Gr. p. 42(*a*).

15 Hif. ptcp. of יָצָא.

16 קָלַט, ptcp. f.

17 שְׁמָרִים.

18 קֶמַח (in Heb. *meal*).

19 סֹלֶת.

XXXV.

Fruits of the Study of the Law.

רַבִּי מֵאִיר אוֹמֵר, כָּל־הָעוֹסֵק [a] בַּתּוֹרָה לִשְׁמָהּ [b] זוֹכֶה [c]
לִדְבָרִים הַרְבֵּה,
וְלֹא [d] עוֹד אֶלָּא שֶׁכָּל־הָעוֹלָם כֻּלּוֹ כְּדַי [e] הוּא לוֹ: נִקְרָא
רֵעַ אָהוּב,
אוֹהֵב אֶת־הַמָּקוֹם, [f] אוֹהֵב אֶת־הַבְּרִיּוֹת, [g] מְשַׂמֵּחַ אֶת־הַמָּקוֹם
מְשַׂמֵּחַ אֶת־הַבְּרִיּוֹת, וּמַלְבַּשְׁתּוֹ [h] עֲנָוָה וְיִרְאָה, וּמַכְשַׁרְתּוֹ [k]
לִהְיוֹת

[a] Rabb. *to study.* [b] *For its own sake.*

[c] Heb. *to be pure;* rabb. *to have merit, deserve;* lidh^{e}bharim harbé, *is deserving of much.*

[d] *And not only so, but (that) all the world is under obligation to him.*

[e] Rabb. דַּי + כְּ = *sufficient; sufficient is he for it.*

[f] Maqóm, *place,* in rabb. = God, as containing all in Himself.

[g] *Creatures,* from בָּרָא, Heb.

[h] Hif. ptcp. f.; *and it* (*i.e.*, the law) *invests him with humility and reverence,* etc.; dupl. accus., Gr. p. 134, line 6.

[k] כָּשֵׁר, late in Bibl., *to be proper, fit, suitable;* hif. = *to make fit.*

צַדִּיק חָסִיד יָשָׁר וְנֶאֱמָן, וּמְרַחֲקָתוֹ[l] מִן־הַחֵטְא, וּמְקָרַבְתּוֹ[l]
לִידֵי זְכוּת,[m] וְנֶהֱנִין[n] מִמֶּנּוּ עֵצָה וְתוּשִׁיָּה בִּינָה וּגְבוּרָה,
שֶׁנֶּאֱמַר,[o] לִי עֵצָה וְתוּשִׁיָּה אֲנִי בִינָה לִי גְבוּרָה,
וְנוֹתֶנֶת לוֹ מַלְכוּת וּמֶמְשָׁלָה וְחִקּוּר[p] דִּין, וּמְגַלִּין[q] לוֹ רָזֵי[r]
תוֹרָה
וְנַעֲשֶׂה כְּמַעְיָן שֶׁאֵינוֹ פוֹסֵק,[s] וּכְנָהָר הַמִּתְגַּבֵּר[t] וְהוֹלֵךְ וֶהֱוֵה[v]
צָנוּעַ וְאֶרֶךְ רוּחַ[w] וּמוֹחֵל[x] עַל־עֶלְבּוֹנוֹ,[y] וּמְגַדַּלְתּוֹ וּמְרוֹמַמְתּוֹ
עַל־כָּל־הַמַּעֲשִׂים׃[z]

[l] Pi. ptcps.

[m] *And brings him nigh to virtue* (*worth, desert, merit,* in rabb.).

[n] Nif. ptcp. pl. from הֲנָה, Chald. *to be useful*; = and men gain from him counsel, etc.

[o] Equals quod dictum est, *as it is said.*

[p] *Scrutiny of judgment* = *reasoning power* (Heb. חָקַר *to search out*).

[q] Pi. ptcp., *and men reveal* = *and are revealed.*

[r] רָז, Chald. *a secret.*

[s] *To cut off, to cease,* rabb.

[t] Bibl. *to be strong.*

[v] *And becomes,* Chald. impf. of הֲוָה (Heb. הָיָה) with waw; *and he goes on and becomes modest.*

[w] Ruaḥ = $\theta\upsilon\mu\grave{o}\varsigma$, here *passion.* 'èrekh ruaḥ = *slow to anger.*

[x] מָחַל, rabb. *to forgive.*

[y] עֶלְבּוֹן, rabb. *force, wrong, injury.*

[z] *Works* of God, *i.e.*, things.

XXXVI.

The Great Accompt.

Rabbi 'El'ázár Haqqappár saith, Envy, lust, and ambition,[1] take[2] men out of this world. He used to say, The born[3] *are doomed*[4] to die, and the dead to revive,[5] and the revived[5] to be judged;[6] to know,[7] to make known, to learn,[8] that He *is* God, He the Fashioner, He the Creator, He the All-wise,[9] He the Judge, the Witness, the Prosecutor,[10] destined[11] to judge hereafter. Blessed be He in whose[12] presence there is no[12] unrighteousness, no forgetfulness, no respect of persons, no acceptance of bribes. And know that all things *happen* according[13] to the account; and let not thy imagination[14] assure[15] thee that the unseen world *is* a

[1] כָּבוֹד *glory.*

[2] Ptcp. hif. of יָצָא *to go out.*

[3] יִלּוֹד.

[4] Gr. p. 152, *ad fin.*

[5] Simply *to live; the living.*

[6] לְדוֹן, nif. inf. contr. from לְהִדּוֹן.

[7] לֵידַע = common לָדַעַת.

[8] Nif. inf. of יָדַע.

[9] Hif. ptcp. of בִּין *to discern.*

[10] בַּעַל דִּין, Gr. p. 129, *ad fin.*

[11] עָתִיד *ready*, with gerund.

[12] שֶׁאֵין . . . לֹא; double negative.

[13] לְפִי.

[14] יֵצֶר, Gen. viii. 21.

[15] Hif. impf. with suffix, בטח.

house of refuge for thee: since of necessity[16] wast thou fashioned,[17] and of necessity wast thou born;[17] and of necessity thou art living, and of necessity must thou die; and of necessity must[11] thou hereafter submit to trial and account before the supreme King of Kings, the Holy One, blessed be He!

[16] עַל־כָּרְחֲךָ = te invito; עַל־כָּרְחִי me invito, etc.; a very common rabb. phrase. הִכְרִיחַ coegit, *he forced.*

[17] Ptcps.

HEBREW-ENGLISH GLOSSARY.

א

אָב *father.* אָבִיו, אָבִי, אֲבִיהֶם, sing. c. suff.; אֲבוֹתֶיךָ, pl. id.

אָבַד *he was lost, strayed, perished.* וַיֹּאבְדוּ, impf. 3 pl. c. waw conv.; תֹּאבֵדוּן, impf. 2 pl. m. pausal.

אֲבַדּוֹן *destruction*

אֶבְיוֹן *poor*

אֵבֶל *mourning* (for dead), m.

אָבַל, יֶאֱבַל *mourn*

אֶבֶן *a stone*, f. אֲבָנִים, אַבְנֵי

אָבָק *dust.* יֵאָבֵק, nif. impf. הֵאָבֵק, inf. c. *to wrestle;* cf. luctari.

אֲגַם *pool.* (אֲגַמִּים), אַגְמֵיהֶם

אַדִּיר *mighty*, poet.

אָדָם *man;* coll., הָאָדָם. (2) *a man*, esp. homo, *common man*

אֲדָמָה *ground.* אַדְמָתוֹ, c. suff.

אָדוֹן *owner*, dominus. אֲדוֹנִי *Sir*, and אֲדֹנָי, intens. pl.; last = common title of God. לַאדֹנָי

אדר No qal. נֶאְדָּרִי, nif. ptcp. c. old gen. ending, *great, glorious*, poet.

אַדֶּרֶת *a cloak*

אָהֵב *he loved.* לְאַהֲבָה, ger. inf.

אהל in hif. *to shine*

אֹהֶל *tent*, m. הָאֹהֱלָה, acc. aft. v. of motion; אָהֳלִי *my t.;* אָהֳלֵיהֶם, אֹהָלֵי, pl.

אוֹ *or*

אוֹב *soothsayer; 2) demon*

אודות (*causes*), "עַל־א *because of, for sake of*

אוּלַי *perhaps*

אוּלָם *but* (וְ)

אוֹפָן *wheel*

אוץ *to hurry, hasten*

אור *to shine.* לְהָאִיר, hif. inf. ger., *to give light*, לְ; וַיָּאֶר *and he lightened* or *brightened*, c. obj. יָאֵר, hif. juss.

אוֹר *light*

אות *token* (f.), espec. of power, *wonder*, σημεῖον N.T. אֹתוֹתַי, pl. c. suff.

אוֹתִי, אוֹתְךָ, אוֹתָנוּ, etc., see אֵת

אָז *then*, adv. temp. מֵאָז *from the time* (*when*), *ever since, of yore*

אזן in hif. הֶאֱזִין *he hearkened*

אֹזֶן *ear*, f. · אָזְנַיִם *ears*, du.; אָזְנֵי, constr.

אָזַר *to gird.* הִתְאַזֵּר, hithpa. *gird oneself*

אָח *brother.* אָחִיךָ, אָחִי, אָחִיו, אָחָיו, אַחַי, etc., see Gr. p. 65.

אָחוֹת *sister.* אֲחֹתוֹ *his s.;* see Gr. p. 65.

אֶחָד *one.* אַחַד, constr.; אַחַת, f.

אָחַז *he grasped, seized.* וֶאֱחֹז, imper. *and seize!* pi. *shut, shut off*

אֲחֻזָּה *possession*

אַחֵר *another.* אַחֶרֶת, f. (dag.impl.in ח); אֲחֵרִים, אֲחֵרוֹת, as if from אָחֵר. Cf. אָח

אַחַר *after* (lit. *back*), *afterwards.* אַחֲרֵי *after, behind*, loc. and temp.; אַחֲרָיו, אַחֲרֵי, etc.

אַחֲרוֹן *next, hinder*

אִי *island, sea-coast*

אָיַב *he opposed*, ἅπ. אוֹיֵב *foe, adversary*

אַיֵּה *where?* אַיּוֹ *where* (*is*) *he?*

אִיִּים *sea-coasts*

אַיִל *ram.* אֵילִים, pl.

אַיִל *strong;* pl. *chiefs, nobles*

אַיָּלָה *hind*

אֵימָה *terror, dread.* אֵימָתָה id. (old acc. like צָרָתָה, עֶזְרָתָה)

אַיִן *where?* מֵאַיִן *whence?*

אַיִן *not, nothing* (akin to last word). אֵין, constr. אֵינֶנּוּ *he (is) not;* וְאִם־אַיִן *and if (thou wilt) not*

אִישׁ *a man,* vir, as opposed to אָדָם homo. אֲנָשִׁים ,אַנְשֵׁי .אִישׁ אֶל־אָחִיו *to each other,* inter se.

אֵיתָן *continuance, primness, strength*

אַךְ *only,* modo; 2) *surely,* profecto

אָכַל *he ate.* יֹאכַל, impf. יֹאכֵל and יֹאכָל, paus. לֶאֱכֹל, ger. inf.; אֱכָל: = מְאֻכָּל, pu. ptcp.

אָכְלָה *food*

אַל־ ne, μή, *(do) not,* prohibitive

אֵל *God.* In prose usu. with some defining adjunct, *e.g.*, 'él shadday

אֶל־ *to, unto.* אֵלַי, p. אֵלַי ,אֵלָיו ,אֲלֵיכֶם, see Gr. p. 48, 5.

אֱלֹהַּ *God,* poet. אֱלֹהִים *gods,* pl. intens., *God*

אֵלֶּה *these.* הָאֵל, id. c. art.; usu. הָאֵלֶּה

אַלּוֹן *an oak*

אִלֵּם *dumb*

אֶלֶף *a thousand.* אַלְפֵי, constr. pl.

אֵם *mother.* אִמּוֹ *his m.*

אִם־ *if, when*

אָמָה *handmaid.* אֲמָתָהּ *her h.*

אַמָּה *cubit*

אֱמוּנָה *firmness;* (2) *faithfulness, truth, honour*

אָמַן *prop up.* הֶאֱמִין, hif., c. בְּ, *trust in,* c. לְ, *believe;* יַאֲמִין, impf.; nif. נֶאֱמַן *was firm, sure*

אָמְנָה *truly*

אָמַר *he said.* יֹאמַר, impf. וַיֹּאמֶר, c. waw conv., יֹאמַר, וַיֹּאמַר, pausal; לֵאמֹר, ger. inf.; אֱמֹר, imp.; יֵאָמֵר, nif. impf. *shall be called*

אֱמֶת *truth, sincerity, good faith*

אֱנוֹשׁ *mortal man*, poet.

אֲנָחָה *groaning, sighing*

אֲנַחְנוּ *we*

אֲנִי *I.* אָנֹכִי id.

אֳנִי *fleet, ship*

אֳנִיָּה *ship*

אֲנָשִׁים See אִישׁ.

אָסִיר *bound, prisoner*

אָסַף *he scraped, gathered.* נֶאֱסַף *was gathered, assembled.* יֵאָסֵף אֶל־עַמּוֹ *he shall join his people, i.e., shall die.* הַמְאַסֵּף, pi. ptcp. *the rearguard* (as gathering up stragglers)

אַף *also, even.* הַאַף num etiam?

אַף *nose.* אַפַּיִם *nostrils, nose;* (2) *anger.* אַפִּי *my . . .*

אֲפִיקִים *channels, brooks*

אֶפֶס *only*, restrictive adv. אֶפֶס כִּי *however*, tamen

אֵצֶל (*side*) *near, beside*

אַרְבֶּה *locust*, coll.

אֲרֻבּוֹת *floodgates*

אַרְבַּע *four*, f. אַרְבָּעִים *forty*

אָרוֹן *chest, Ark (of the Covenant)*

אֶרֶז *cedar.* אֲרָזִים, אַרְזֵי

אֹרְחָה *caravan*

אֲרִי *lion*

אָרַךְ *to be long.* הֶאֱרִיךְ, hif'il, *he prolonged, lengthened* יָמִים *life* (of God *granting* long life, and of *living long*)

אֹרֶךְ *length.* With יָמִים = *always*

אֶרֶץ f., *earth, land*, γῆ, terra. הָאָרֶץ, c. art.; אַרְצָה, אָרְצָה׃ *to the earth*, χάμαζε, after verb of motion

אָרַר *he cursed.* Cf. ἀρά. תָּאֹר, impf. 2 s.; אָרָה, prec. imp.; יוּאַר, hof. impf.

אֵשׁ *fire*, f.

אִשָּׁה *woman.* אֵשֶׁת, cstr. אִשְׁתִּי *my wife*; נָשִׁים, נְשֵׁי, pl., see Gr. p. 65.

אַשְׁמֹרֶת *a watch* (of the night

אֲשֶׁר (*place*, Assyr. asru), indecl. part. marking relat. clauses. בַּאֲשֶׁר *where?* כַּאֲשֶׁר *as, so as, when*

אַשְׁרֵי *O bliss of . . . !* exclamation

אֵשֶׁת constr. of אִשָּׁה *woman, wife*, n. f.; c. suff. אִשְׁתּוֹ; pl. נָשִׁים

אֵת, אֶת־, c. suff. אֹתִי; mark of obj. of trans. verb (= old n. meaning *existence*)

אֵת, אֶת־, c. suff. אִתִּי; prep. *with*, μετὰ, ξὺν, cum. מֵאֵת *from*, ἀπο. אִתְּךָ, אִתְּכֶם

אַתָּה *thou*, pron. 2 m.: pl. אַתֶּם *you, ye*, m.

אָתוֹן *she-ass*

ב

בְּ *in, by, with*, instr. בּוֹ, בָּהֶן, בָּנוּ, c. suff.; *for, at* (of price)

בְּאֵר *well*

בְּאשׁ *stench*

בֶּגֶד *garment.* בִּגְדֵי, בְּגָדָיו

בַּד *part.* לְבַד à part, *separately, alone*; לְבַדּוֹ *by itself*

בדל In nif. נִבְדַּל *he separated himself*; הִבָּדְלוּ imp. pl. nif. *to separate*

בֹּהוּ *emptiness*

בהל No qal. נִבְהַל *to shake, quake for fear*

בְּהֵמָה *cattle*, coll. בֶּהֱמַת, constr.; בְּהֶמְתּוֹ, with suff.

בּוֹא *to go.* בָּאָה, בָּא, pf. יָבוֹא, וַיָּבֹא, impf.; וַיָּבֵא, hif. impf. (also וַיָּבִיאוּ); וַתְּבִיאֵהוּ, hif. impf. 3 s. f.

בּוֹר *pit.* הַבֹּרָה *into the pit.* בֵּית הַבּוֹר *house of dungeon = prison*

בַּז *spoil, booty*

בָּזַז *he spoiled*

בָּחַר *he chose.* יִבְחַר, c. בְּ

בָּטַח *to trust,* בְּ *in*

בֶּטַח *trust, confidence, security*

בֶּטֶן *belly, body*

בֵּין *between*

בִּין *to distinguish, understand.* הֵבִין, hif., *to explain;* nif. *to be intelligent;* יִתְבּוֹנָן hithpal. *perceive, see*

בַּיִת *house,* m. בֵּית, cstr. בֵּיתָה *into . . .*

בָּכָה *to weep.* וַיִּבְכּוּ, impf. c. waw conv., וַיֵּבְךְּ, id. shortened form; בֹּכֶה, ptcp.

בְּכוֹר *firstborn, firstling*

בְּכִי *weeping*

בָּלָה *to fade.* יִבְלֶה

בַּלָּהָה *terror,* poet.

בְּלִי *nothing, not.* מִבְּלִי *for want of;* הֲמִבְּלִי *was it for want of*

בְּלִימָה *nothing*

בָּלַע *he swallowed.* יִבְלַע

בִּלְתִּי *not.* בִּלְ״ אִם non si = nisi, *except, unless.* לְבִלְתִּי *so as not,* c. inf.

בֵּן *son.* בֶּן־, בְּנִי, בִּנְךָ, בְּנֵי, בָּנִים; see Gr. p. 65.

בָּנָה *he built.* וַיִּבֶן, impf. shortened, with waw conv.

בְּנָסָם See נוּס

בַּעֲבוּר *for the sake of, in order that*

בַּעַד *around, over*

בָּעַר *to burn,* trans. and intr. בֹּעֵר, ptcp.; יִבְעַר, impf.

בְּעִיר = בְּהֵמָה

בָּצִיר *vintage*

בֶּצַע *prey, gain*

בָּקַע *he cleft, clove.* Nif. reflex. and pass.; וַיְבַקַּע pi. impf. *and he cleft* (wood)

בִּקְעָה *a valley*

בָּקָר *ox*, coll. *oxen.* בְּקַרְכֶם *your oxen*

בֹּקֶר *morning*

בִּקֵּשׁ (pi. of בקשׁ) *he sought after.* וַיְבַקֵּשׁ, impf. c. waw conv., followed by ger. inf.

בַּר *pure;* (2) *corn*

בָּרָא *he made, created.* יִבְרָא

בָּרָד *hail*

בַּרְזֶל *iron*

בָּרַח *to flee.* Impf. A; מִפְּנֵי *from* . . .

בָּרִיא *fat*

בָּרִיחַ *fleeing*

בְּרִית *covenant*

בָּרַךְ *to kneel.* בֵּרֵךְ, pi. *to bless;* impf. וַיְבָרֶךְ; pu. ptcp. מְבֹרָךְ

בֶּרֶךְ *knee.* בִּרְכַּיִם, du.

בְּרָכָה *gift, present.* בִּרְכָתִי, c. suff.

בָּרָק *lightning*

בָּשָׂר *flesh*

בִּשֵּׂר pi. *to tell good news,* c. acc. of recipient

בַּת *daughter.* בִּתּוֹ, etc. c. suff., see Gr. p. 107.

בְּתוּלִים *maidenhood*

ג

גַּאֲוָה *majesty, pride*

גָּאוֹן id.

גָּאַל *to ransom;* 2) *rescue*

גָּבוֹהַּ *high*

גְּבוּרָה *prowess*

גִּבֹּר *hero, soldier*

גָּבַר *to conquer.* לְ

גִּבְעָה *hill*

גְּדוּד *troop*

גָּדָה *bank*

גָּדוֹל *great*

גִּדּוּפוֹת *jeers*

גְּדִי *kid*

גָּדֵל *to grow up.* Impf. A

גִּדֵּף *to mock, jeer at*

גְּדֵרָה *fence*

גֵּו *back*

גּוֹי *nation*

גָּוַע *to die*

גְּוִיָּה *a body*

גּוּר *to sojourn*

גָּזַז *to cut, shave*

גָּזִית *hewn stone*

גַּיְא *valley*

גַּל *a heap, a ruin*

גָּלָה *to lay bare, disclose; (2) to be exiled*

גָּלַל *to roll.* וְגָלֲלוּ *and they used to roll*

גַּם *also, even*

גָּמַל *to do to another* (good or evil)

גָּמָל *camel.* גְּמַלִּים

גָּנַב *to steal.* Pu. *was stolen; (2) brought by stealth*

גַּעֲרָה *rebuke*

גֶּפֶן *vine.* גַּפְנִי

גָּפְרִית *brimstone*

גֵּר *foreigner (resident),* ptcp. of גּוּר

גֹּרֶן *threshingfloor, cornfloor*

גָּרַשׁ *to drive out,* and so pi. יְגָרֵשׁ *drive away,* or *forth*

גֶּשֶׁם *rain, shower*

ד

דָּבַק *to cleave to;* hif., *hotly pursue*

דָּבָר *word, story, event.* דִּבְרֵי

דבר In pi. דִּבֶּר *he spoke.* וַיְדַבֵּר *and he spake.* כְּדַבֶּרְכֶם *as ye said,* inf. constr.

דֶּבֶר *plague*, *pestilence*

דְּבַשׁ *honey*

דָּג *a fish*

דָּגָה *fish*, coll.

דּוֹד *uncle*

דּוֹר *generation*, *age*. דֹּרוֹת, דּוֹרִים

דִּין *to judge*. דָּן, ptcp.

דָּכָא No qal. Pi. *crush*

דֳּכִי *roaring*. דָּכְיָם, c. suff.

דַּל *poor*, *weak*. דַּלִּים, pl.

דָּלָה *draw water*. וַתִּדְלֶנָה impf. 2 pl. f.

דְּלִי *bucket*

דָּם *blood*

דְּמוּת *likeness*

דָּמַם *to be silent*, *still*, *dumb*. יִדֹּם, pl. יִדְּמוּ (Aram. form); דֹּם, imper. *stand still*

דְּמָמָה *silence*

דַּעַת *knowledge* (inf. cstr. of יָדַע)

דַּק *thin*, *poor*, *lean*

דָּקַר *to pierce*

דָּרַךְ *to bend* (a bow)

דֶּרֶךְ *a road*, *way*, *journey*

דָּרַשׁ *to seek*

דֶּשֶׁא *grass*, esp. *young*

דָּשָׁא *to sprout*. Hif. id.

דָּשֵׁן *to be fat*

דִּשֵּׁן *he anointed*

ה

הָבָה *give*, *pray! come!* יָהַב. הָבוּ, pl.

הֶבֶל *nothingness (breath)*

הָדָר *ornament*, *majesty*

הֲדָרָה id.

הוּא *he*, *that*. In Pent also *she*

הָיָה *he became*, *was*. יְהִי, juss.; וַיְהִי

הֵיכָל *temple*, *palace*

הִכָּהוּ See נכה

הָכֵן inf. abs. hif. of כּוּן *to fix; steadfastly, motionless*

הָלַךְ *he walked, went.* יֵלֵךְ impf.; וַיֵּלֶךְ *and he went,* וַיֵּלְכוּ; נֵלְכָה *we will go;* אֵלְכָה *I will go;* הַאֵלֵךְ *shall I go?* לֵכִי *go thou,* f.; הֵילִיכִי, hif. imp. s. f. *take away!* לְכוּ *go ye!* וַלֵכוּ, paus.; וַיּוֹלֶךְ *and he made go, brought*

הִלֵּל *to praise,* pi. Pu. ptcp. = *praiseworthy,* laudandus

הֲלֹם *hither*

הָמָה, יֶהֱמֶה *murmur, roar*

הָמַם *to drive, rout.* וַיָּהָם; וַיְהֻמֵּם, c. suff.

הֵן *lo!*

הֵנָּה *thither, hither*

הִנֵּה *lo! behold!* הִנְּנִי, הִנֵּנִי׃, paus., *behold me! here am I!*

הָפַךְ *to turn, overturn.* יַהֲפֹךְ; וַיֵּהָפְכוּ *and were changed* לְ *into;* הַהֹפְכִי, ptcp. c. old gen. ending

הֲפֵכָה *overthrow*

הַר *hill, mountain.* הָרִים, pl.

הָרַג *to kill.* יַהֲרֹג, impf.

הָרַס *to pull down.* יֶהֱרֹס

וְ *and*

ז

זָבַח *to sacrifice*

זֶבַח *sacrifice*

זֶה *this,* m.

זָהָב *gold*

זוּ *this,* m. and f.; also as rel. *which*

HEBREW-ENGLISH GLOSSARY. 205

זוּב *to flow.* זָבַת, ptcp. f. constr.

זָכָה, יִזְכֶּה *to be pure*

זָכַךְ, זַכּוּ *to be pure*

זָכַר *to remember.* Impf. O; in nif. *to be mentioned*

זֵכֶר *memory, remembrance*

זָכָר *male*

זִכָּרוֹן *memorial*

זִמְרָת *song*, poet.

זָנָב *tail*

זֹקֶן *age*

זָקֵן *old.* זִקְנֵי, constr.

זָר *strange, foreign.* זָרָה *unlawful*, f.

זֶרַע *seed.* זַרְעֲךָ *thy posterity*

זָרַע *to sow.* Hif. *to bear seed*

זְרֹעַ *arm.* זְרֹעֵי

ח

חֶבֶל *a line*

חבק in pi. *to embrace*

חָבַשׁ *to bind on, saddle.* יַחֲבשׁ, impf.

חָגַג *to keep a feast.* יָחֹג, impf.

חַד *sharp*

חָדַל *to cease.* יֶחְדַּל, impf.

חָדָשׁ *new*

חֹדֶשׁ *month*

חוּג *to draw a circle* (*ἅπ*)

חוּל *to shudder.* Pil. חוֹלֵל *to bring on travail*

חוֹל *sand*

חוֹמָה *a wall*

חוּץ *outside.* חוּצוֹת, pl., *streets.* מִחוּץ *on the outside*

חָזָה *to see*

חִזָּיוֹן *a vision*

חָזַק *to be strong, to urge,* עַל; hif. *to lay hold of*, c. בְּ

חָזָק *strong*

חֵזֶק *strength*

חָטָא *to sin.* יֶחֱטָא, impf.

חֵטְא *sin*

חֲטָאָה *a sin, an offence*

חַטָּאת id. חַטַּאתְכֶם, c. suff.

חַי *living.* חַיָּה, f.

חָיָה *to be alive, live.* יִחְיֶה impf.; juss. יְחִי; pi. חִיָּה *to preserve*

חַיָּה *animals*, coll.

חַיִּים *life*

חַיִל *wealth; 2) host, army*

חִירָה *cave*

חָכָם *wise*

חָלָב *milk.* חֲלֵב, constr.

חֲלוֹם *a dream*

חָלוּץ *equipped, ready.* Coll. *warriors*

חֳלִי *sickness*

חָלִילָה *far be it!* (ad profanum)

חלל In po. *to wound.* Pi. *to profane*

חָלַם *to dream*

חַלָּמִישׁ *flint*

חָלַף *to glide away.* Pass hif. *to alter;* (2) *grow again*

חֵלֶק *smoothness;* (2) *lot, portion*

חִלֵּק In pi. *to divide, portion out*

חָלַשׁ *to vanquish;* (2) c. impf. יֶחֱלַשׁ *to be weak, frail*

חֶמְאָה *cream, curdled milk*

חָמַד *to crave, like.* יֶחְמַד and יַחְמֹד

חֲמוֹר *he-ass*

חֲמִישִׁי *fifth*

חָמַל *to pity, spare.* יַחְמֹל

חֹמֶר *clay, mortar*

חֵמָר *bitumen*

חֲמִשָּׁה *five*

חֵן *favour;* (2) *beauty*

חָנָה *to encamp*

חֲנִית *spear*

חִנָּם accus. arch. of חֵן, δωρεὰν, *for nought*, gratis

חָנַן *to bestow*, c. accus. pers.; (2) *to pity*, impf. יָחֹן, c. suff. יְחָנֵּנִי; וִיחֻנֶּךָּ; imp. c. suff. חָנֵּנִי *pity me!*

חָנֵף *profane*, *infidel*, = Arab. káfir

חֶסֶד *kindness*, *mercy*. חֲסָדִים

חָסָה *to fly for refuge*, c. בְּ. יֶחֱסֶה

חָסֵר *to lack*. יֶחְסַר, pl. יַחְסְרוּן

חָפֵץ *to desire*, *will*, c. inf. and לְ; *to love*, c. acc.; and בְּ

חֵפֶץ *delight*, *pleasure*, *will*

חָפְשִׁי *free*

חָצַב *to cleave in twain*, *hew in pieces*. Hif. id. מַחֲצֶבֶת, ptcp. f.

חֵץ *arrow*. חִצִּים, pl.

חָצָה *to halve*. וַיַּחַץ

חֲצִי *half*. בַּחֲצִי הַלַּיְלָה *at midnight*

חָצֵר *court*. חֲצֵרוֹת

חֹק *boundary*; 2) *custom*, *statute*

חֻקָּה id., f.

חֶרֶב *sword*, f. חֲרָבוֹת; in paus. חָרֶב

חָרֵב *to be dry*. Hif. *to dry*

חָרָבָה *dry land*

חָרְבָּה *a desolation*, *waste*, *ruin*

חָרֵד *to tremble*. יֶחֱרַד; hif. *to frighten*, *scare*

חָרָה *to be hot*, impers. c. dat. *to be angry*; וַיִּחַר לוֹ *and he was angry*

חָרוֹן *heat*, *anger*

חֶרֶט stylus, *graving-tool*

חרם In hif. *to exterminate* (prop. *to consecrate*, *devote*. Cf. haram, women's chamber)

חָרַף *to pluck*. Pi. חֵרֵף *to reproach*, לְ, בְּ

חֶרְפָּה *reproach*

חָרָשׁ *craftsman*

חָרַשׁ *to plow*

חרשׁ In hif. הֶחֱרִישׁ *to be silent, hushed, keep quiet*

חֵרֵשׁ *deaf*

חָשַׁב *to think, purpose.* יַחְשֹׁב; in nif. *to be reckoned, valued*

חָשַׁךְ *to be dark.* יֶחְשַׁךְ

חשֶׁךְ *darkness.* הַחשֶׁךְ, c. art.

חָשַׂךְ *to withhold, keep back*

חָשַׂף *to strip*

חֹתֵן *father-in-law*

חָתַת *to be broken*, esp. by fear; in hif. *to scare, affright;* nifʿal impf. יֵחַת, id.

ט

טָמֵא *to be defiled;* 2) adj. *polluted, heathen*

טָבַל *to dip*

טָבַע *to sink in.* Pu. *was sunk*

טָהַר *to be pure.* יִטְהַר

טָהוֹר *pure, clean, fit for food.* טְהֹרָה, f.

טוֹב *good;* (2) *goodness, kindness, happiness*

טוּב *goodliness*

טָחַן *to grind*

טָמַן *to hide*

טַף *little ones*, coll. טַפְּם

טֶרֶם *not yet.* בְּטֶרֶם *before*, usu. c. impf.

י

יאל In hif. הוֹאִיל *to will, be willing, undertake.* וַיּוֹאֶל, impf. c. waw conv.; foll. by ger.

יְאֹר *an arm of the Nile, the Nile;* (2) *a river*

יְבוּל *produce* (of the soil)

יָבֵשׁ *to be dry, withered.* יִיבַשׁ, impf.

יַבָּשָׁה *dry land*

יָגוֹן *sorrow*

יָגֹר *to fear.* Pf. O

יָגִיעַ *weary*

יָד *hand, side* (locally). יָדִי, c. suff.

יָדָה *to throw.* Hif. הוֹדָה *to thank, praise*

יָדַע *to know; 2) to regard*

יָהַב *to give, provide,* לְ *to.* הָבוּ, imp., *ascribe ye*

יְהִי See הָיָה.

יוֹם *day.* Pl. יָמִים, יְמֵי

יוֹמָם *by day* (old acc.)

יוֹנָה *dove*

יַחַד *(union) together.* יַחְדָו *(his unions)* id.

יָחִיד *only one,* esp. *son*

יחל In pi. יִחֵל *to wait, hope,* אֶל־ *for;* יְיַחֵל impf.; hif. הוֹחִיל *to trust in,* לְ

יטב In impf. יִיטַב *it is well.* Hif. הֵיטִיב *to do well*

יַיִן *wine*

יכח In. hif. הוֹכִיחַ *to arbitrate, dispute, decide* (a cause)

יָכֹל *to be able.* Pf. O; יוּכַל impf., *to master,* c. לְ

יֶלֶד *boy;* יַלְדָּה *girl*

יָם *sea.* יַמִּים pl.

יָמָּה *seawards = westwards*

יָמִין *right hand*

יָנַק *to suck.* יִינַק impf.; hif. הֵינִיק *to suckle;* ptcp. מֵינֶקֶת *nurse*

יָסַד *to found, constitute;* nif. נוֹסַד *to sit down,* espec. *sit together in council;* (2) pass. of qal.

יָסַף *to add, do a thing again.* Impf. hif. יוֹסִיף, וַיּוֹסֶף; nif. נוֹסַף *to join,* c. עַל.

יָעַץ *to counsel*

יַעַר *a wood.* יְעָרוֹת, pl.

יָפֶה *fair*

יְפִי *beauty.* יֹפִי, paus.

יָצָא *to go out.* יֵצֵא, impf.; imp. צֵא; hif. הוֹצִיא *to bring out*

יצב In hithpa. הִתְיַצֵּב *to station oneself, take one's stand*

יָצַר *to mould, fashion.* וַיִּיצֶר, impf. with waw conv.

יצר In impf. c. waw conv. וַיֵּצֶר לוֹ, impers. *and it was narrow to him = and he was vexed, grieved*

יקץ In impf. וַיִּיקַץ *and he woke* (יִיקַץ)

יָקָר *precious, costly*

יָרֵא *to fear.* יִרְאוּ ,וַיִּרְאוּ; nif. נוֹרָא *terrible*

יָרֵא *fearing, fearful.* יְרֵא constr., יְרֵאָה, f.

יִרְאָה *fear*

יָרַד *to go down.* Impf. יֵרֵד ,וַיֵּרֶד ,וַיֵּרַד; inf. רֶדֶת; hif'il, הוֹרִיד *to bring down*

יָרָה *to throw.* Hif. הוֹרָה *to point out, show, teach*

יָרֵחַ *moon*, m.

יָרֵךְ *thigh*, f. Constr. יֶרֶךְ ,יְרֵכוֹ ,יְרֵכַיִם

יֶרֶק *greenness*

יָרַשׁ *to get, win, take.* יִירַשׁ, impf.; רֶשֶׁת, inf.; gerund c. suff. לְרִשְׁתָּהּ; hif'il הוֹרִישׁ *to expel* (nations), *to seize* (their lands)

יֵשׁ *property, means.* יֶשׁ־לִי *I have*, opposed to אֵין־לִי *I have not;* with interrog. pt. הֲיֵשׁ an est? *Is there?*

יָשַׁב *to sit, settle, dwell.* יֵשֵׁב; nif. נוֹשַׁב; inf. שֶׁבֶת

יָשֵׁן *to sleep.* וַיִּישַׁן impf. c. waw, paus.; וָאִישָׁנָה *and I slept soundly*

יְשׁוּעָה *deliverance, victory*

ישע Nif. נוֹשַׁע *to be saved.* Hif. הוֹשִׁיעַ *to save, rescue, help*

יָשָׁר *straight, upright*

יָתוֹם *fatherless, orphan*

יתר In nif. נוֹתַר *to be left, to remain;* hif. הוֹתִיר *to leave alive*

יֶתֶר *remnant*

כ

כְּ *as, like.* כָּמֹנִי *like me.* כָּמֹהוּ *like him.* כָּמֹכָה *like thee*

כַּאֲשֶׁר *as, when*

כָּבֵד *to be heavy.* Impf. A. Nif. *to be honoured*

כָּבֵד *heavy, great*

כְּבֵדוּת *heaviness*

כָּבוֹד *glory*

כִּבְשָׂה *lamb*, f.

כָּבַשׁ *to trample down, subdue*

כֹּה *there, thus.* עַד־כֹּה *thither, yonder*

כֹּהֵן *priest, prince*

כּוֹכָב *star*

כּוּן nif. נָכוֹן *to be established, set up.* יִכּוֹן, impf.; hif. הֵכִין *he appointed;* pil. כּוֹנֵן *prepare, establish*

כּוֹס *cup*

כְּזֹאת *so.* "כָּזֹ" וְכָזֹ" *so and so*

כֹּחַ *strength, power* כֹּחִי *my s.*

כָּחַד *to conceal.* Pi. נְכַחֵד *we will hide* (a fact), מִן *from.* תִּכָּחֵד *thou shalt be hidden, destroyed,* nif. c. מִן־הָאָרֶץ

כִּי *for, if, when*

כִּימֵי = יְמֵי + כְּ = *as in days* (of)

כִּכָּר *circle, circuit, country round;* (2) *a talent*

כֹּל *all;* c. suff. כֻּלָּם *all of them*

כֶּלֶב *dog*

כָּלָה *to be finished.* Pi. *to finish.* וַיְכַל מְדַבֵּר *he left off from speaking*

כְּלִי *vessel, tool, weapon, ornament.* Pl. כֵּלִים, כְּלֵי

כְּלִמָּה *reproach, disgrace, shame*

כְּמוֹ poet. = כְּ *as, like*

כֵּן *so, thus.* עַל־כֵּן *therefore*

כֵּן *gnat*

כָּנָף *wing.* כְּנָפַיִם, du.; כַּנְפֵי, constr.

כִּנּוֹר *harp, cittern.* Pl. וֹת

כנע In nif. *to be brought low, vanquished*

כָּסָה In pi. *to cover, hide*

כְּסוּת *covering*

כִּסֵּא *throne.* With suff. כִּסְאוֹ

כֶּסֶף *silver, money, price*

כַּף *palm* (of hand). כַּפַּיִם du.

כפר In pi. כִּפֶּר *to atone,* עַל, בְּעַד *for*

כְּרוּב *cherub.* Cf. Assyr. kurubi, man-headed bull

כֶּרֶם *vineyard*

כָּרַת *to cut.* Nif. *to be cut off, destroyed*

כָּתַב *to write*

כֶּתֶם *gold*

כְּתֹנֶת *a tunic,* χιτών; c. suff. כָּתָּנְתִּי

ל

לְ *to, for, at;* c. suff. לוֹ, לָךְ, paus., לָכֶם, לָהֶם

לֹא *not.* וְלֹא neque, *nor*

לְאֹם *a people.* לְאֻמִּים, pl.

לֵבָב *heart.* לְבָבְךָ

לֵב *heart.* לִבּוֹ, c. suff.

לְבַד *in separation, alone.* לְבַדִּי, c. suff.

לַבָּה *flame* (ἅπ.)

לָבָן *white*

לְבֵנָה *brick.* לְבֵנִים, pl.

לָבֵשׁ *to be clothed.* הִלְבִּישׁ *he clothed* another, c. two acc.

לֶהָבָה *flame.* לְהָבוֹת

לוּ *if, O if!*

לוּחַ *tablet.* לוּחוֹת

לְחִי *cheek.* לֶחִי, paus.; לְחָיַיִם, du.

לחם Nif. נִלְחַם *he fought, warred,* בְּ *against*

לֶחֶם *bread*

לֹט *frankincense*

לַיִל *night.* Usu. לַיְלָה; c. art. הל״; הַלַּיְלָה, p.

לִין *lodge, pass night.* יָלִין

לָכַד *took, captured.* יִלְכֹּד

לָמַד *to learn.* In pi. *to teach*

לָמָּה *why?* לְ + מָה. לָמָּה זֶּה *why, pray,* τί ποτε:

לַפִּיד *lamp, flame*

לִפְנֵי *before,* prep. See פָּנִים

לָקַח *he took.* וַיִּקַּח; קַח, imp.

לָקַט *to gather, collect.* So pi. וַיְלַקֵּט

לָשׁוֹן *tongue, wedge, ingot*

מ

מְאֹד *might;* adv. *much, greatly*

מֵאָה *a hundred.* מְאַת, constr.; מֵאוֹת, pl.

מְאוּמָה *anything,* quidquam (after a negative)

מָאוֹר *a lamp, luminary*

מַאֲכֶלֶת *knife*

מאן In pi. מֵאֵן *to refuse*

מַבּוּל *flood*

מִבְחָר *choice*

מָגֵן *shield*

מַגֵּפָה *stroke, plague*

מִדְבָּר *desert*

מִדָּה *measure*

מַדּוּעַ *why?* (= מַה־יָּדוּעַ)

מָה, מָה, מַה *what?*

מִהַר *to hasten*

מְהֵרָה *haste;* adv. *hastily*

מוּג and nif. נָמוֹג *melt away*, espec. through fear

מוֹט *to totter.* Nif. id.; impf. יִמּוֹט

מוֹט *tottering*

מוּל *to circumcise*

מוּל *opposite*

מוֹלֶדֶת *birth*; (2) *birthplace*; (3) *offspring*

מוֹסָדוֹת, מוֹסְדֵי, מוֹסְדוֹת, מוֹסָדוֹת, *foundations*

מוֹעֵד *a set time, festival*; (2) *set meeting, assembly*

מוֹקֵשׁ *snare, noose*

מוֹשָׁב *seat*

מוּת *to die.* Impf. יָמוּת, וַיָּמָת; ptcp. מֵת; hif. הֵמִית *he killed*

מָוֶת *death.* מוֹת, constr.

מִזְבֵּחַ *altar*

מַזֶּה = מַה־זֶּה *what is that?*

מִזְמוֹר *a psalm, ode*

מָחָה *he wiped out, blotted out*

מַחֲנֶה *camp, army.* מַחֲנוֹת pl.

מַחְסֶה *refuge*

מָחָר, מָחֳרָת *to-morrow*

מָחַץ *to crush, bruise*

מַחְתָּה *censer*

מַטֶּה *a rod*

מָטָר *rain.* Hif. הִמְטִיר *to send rain*

מִי *who?*

מַיִם *water.* מֵי and מֵימֵי, constr.

מִימִינָם See יָמִין

מִין *kind*

מִישׁוֹר *straightness*; (2) *uprightness*; (3) adv.

מַכָּה *stroke, slaughter*

מָכוֹן *place, spot*, poet.

מָכַר *to sell.* Impf. O

מָלֵא *full.* מְלֵאָה, f.

מָלֵא *to fill, be full.* Pi. *to fill*

מְלֹא *fulness*, τὸ πλήρωμα

מַלְאָךְ *messenger*, esp. a divine one

מְלָאכָה *work, product of labour*

מָלוֹן *halting-place, stage*

מֶלַח *salt*

מלח Nif. *to vanish*

מִלְחָמָה *battle, war*

מלט In nif. נִמְלַט *to escape*

מֵלִיץ *interpreter*

מָלַךְ *to be king*

מַמְלָכָה *kingdom*

מֶמְשָׁלָה *sovereignty, dominion*

מִן־ *from, out of*, ἀπὸ, ἐκ, ab, ex. With suffix, מִמֶּנִּי *from me*

מָנָה *to count*

מְנוּחָה *rest*

מָנוֹחַ id.; (2) *place of rest*

מִנְחָה *present, offering*

מֹנִים *times*

מַסֵּכָה *casting, smelting*

מַסָּע *journey, march*

מַעְגָּל *path, track*

מְעַט *little, few.* הִמְעִיט, hif. *to make few*

מְעִיל *tunic* (a long sleeveless robe)

מַעְיָן *a well*

מַעַל *surface.* מִמַּעַל לְ *on the top of*

מֵעַל *from upon*

מַעֲלֶה *ascent*

מַעֲלָה *step*

מַעֲמַקִּים *depths*

מַעַן *cause, sake.* לְמַעַן *for the sake of*, and conj. *in order that*

מְעָרָה *cave.* מְעָרַת, constr.

מַעֲשֶׂה *work, task.* מַעֲשִׂים, pl.

מָצָא *to find*; c. לְ, *obtain*; nif. *prove to be*

מַצָּב *standing-place, station*

מַצֵּבָה *pillow*

מִצְוָה *bidding, command.* מִצְוֹת, pl.

מִקְוֶה *gathering*

מָקוֹם *place*

מִקְדָּשׁ *sanctuary*

מַקֵּל *staff.* מַקְלִי

מִקְנֶה *gains*, *wealth*, esp. *cattle*. C. suff. מִקְנֵיהֶם (where ׳ is third rad.)

מַרְאֶה *aspect*, *figure*; 2)*sight*

מָרוֹם *height*

מֶרְכָּבָה *chariot*. מַרְכְּבוֹת, constr. pl.

מִרְמָה *deceit*

מִרְמָס *trampling*

מַרְעִית *pasturing*

מָרַר *to be bitter*. Hif. הֵמַר *to embitter*

מֶשֶׁךְ *price*

מָשַׁךְ *to prolong*, *draw out*

מִשְׁכָּן *dwelling*, *tent*

מָשַׁל *to rule*. Hif. inf. הַמְשֵׁל *sovereignty*

מָשָׁל *similitude*, *proverb*

מַשְׁעֵנָה *staff*

מִשְׁפָּט *judgment*, *equity*, *manner*, *custom*

מִשְׁפָּחָה *kind*, *tribe*, *family*

מִשְׁקָל *weight*

מִשְׁתֶּה *banquet*

מַשָּׂא *burden*

מַשְׂכֹּרֶת *wages*

מִשְׂגָּב *stronghold*. מִשְׂגַּבִּי

מָתַק *to be sweet*. Impf. A

נ

נָא *now*, *pray*, enclitic particle of entreaty

נְאוֹת *pastures*, constr. pl.

נָאַץ and pi. *to mock*, *despise*, *reject*

נבט Hif. הִבִּיט *to gaze at*, אֶל־

נָבִיא *prophet*

נבא nif. and hithpa. *to prophecy*

נָבַל *to fade*, *wither*

נְבֵלָה *corpse*

נֶגֶב *the south*. נֶגְבָּה *southwards*

נֶגֶד *front*. Prep. *before*, c. suff.

נגד In hif. הִגִּיד *to bring to the front, declare, tell*

נָגִיד *prince, chief*

נֹגַהּ *brightness*

נָגַע *to touch, strike.* יִגַּע, impf.

נָגַף *to smite, strike.* יִגֹּף, impf.; nif. pass.

נָגַשׂ *to oppress*

נגשׁ In nif. נִגַּשׁ *to draw near, approach;* impf. qal, יִגַּשׁ; inf. constr. גֶּשֶׁת

נְגִינָה *stringed instrument, lyre*

נֵד *heap*

נָדַד *to wander, flee*

נָדַח *to thrust;* nif. *to be expelled;* hif. trans. *to thrust out;* (2) *seduce*

נָדַר *to vow.* יִדֹּר, impf.

נֶדֶר *a vow*

נָהַג *to lead.* Impf. A

נהל In pi. נֵהֵל, יְנַהֵל *to lead*

נָהָר *a river.* Pl. ־ִים and ־וֹת

נָוֶה *seat, dwelling,* poet.

נוּחַ *to alight, rest,* בְּ *on.* Hif. הֵנִיחַ *to set down;* (2) *give rest*

נוּם *to slumber*

נוּס *to flee*

נוּעַ *to shake, quiver*

נוֹרָא *terrible,* nif. ptcp. of יָרֵא

נָזִיר *prince* (nazar, to consecrate)

נֹזְלִים *streams* (nazal, to drop)

נָחָה *to lead, guide.* יַנְחֶה, qal pf., hif. impf.

נַחַל *a wady, mountain torrent*

נַחֲלָה *possession*

נחם pi. *to comfort;* nif. reflex. *comfort oneself = take vengeance*

נָחָשׁ *snake*

נְחֹשֶׁת *copper, brass*

נָטָה *to stretch, spread out.* וַיֵּט, impf. c. waw conv.; (2) *to bend.* So hif.

נָטַע *to plant.* יִטַּע, impf.

נְכֹאת *spicery*

נכה In hif. הִכָּה *to smite.* וַיַּךְ, impf. c. waw conv.; see Gr. p. 109.

נכר In hif. הִכִּיר *to gaze at, recognise, discern*

נָכְרִי *a stranger, foreigner*

נְעוּרִים *youth*, juventus

נֵס *pole, banner*

נסה In pi. *to tempt, try*

נֶסֶךְ *idol, molten image*

נָסַע *to move camp, march.* יִסְעוּ, יִסַּע, impf.

נָעִים *pleasant*

נַעַל *sandal.* נַעֲלַיִם, du.

נֹעַם *pleasantness*

נַעַר *boy, servant;* cf. παῖς, puer. נְעָרִים, pl.

נַעֲרָה *girl*

נָעַר *to shake.* So pi.

נָפַח *to breathe*

נָפַל *to fall.* יִפֹּל, impf.

נֵפֶל *untimely birth*

נֶפֶשׁ *soul, life;* (2) *will, desire;* (3) *self*

נצב In nif. נִצַּב *to stand;* הִצִּיב *to set up*

נצל In nif. *to escape;* hif. הִצִּיל *to rescue, deliver*

נָצַר *to guard*

נְקֵבָה *female*

נָקֹד *spotted*

נָקִי *clean, innocent*

נִקָּיוֹן *purity*

נָקַם *to avenge*, c. accus. יִקֹּם, impf.

נקף In hif. *to go round*

נֵר *a lamp*

נָשַׁב *to breathe*

נָשַׁל *to draw out* or *off.* שַׁל, imp.

נְשָׁמָה *blowing, breath, blast*

נָשַׁף *to blow*

נָשַׁק *to kiss.* יִשַּׁק, impf.

נָשָׂא *to lift, bear;* (2) *to forgive* (sin). לָשֵׂאת, inf.; יִשָּׂא, impf.

נשג In hif'il, הִשִּׂיג *to overtake, to win, obtain*

נָשִׂיא *prince, chieftain*

נָתַן *to put, set, give.* תֵּן, imp.; יִתֵּן, impf.; אֶתְּנָה *I will give!*

נָתַץ *to pull down*

ס

סְאָה *a seä.* סְאִים (the third part of an 'Efá, sesquimodius)

סָבַב *to go round, compass.* יָסֹב, יִסֹּב, impf. (סַב not found in O.T.)

סָבִיב *around.* סְבִיבוֹת *places round,* with suff.

סְבַךְ *thicket*

סֹבֶל *burden.* סִבְלֹתָם *their burdens*

סָגַר *to shut.* Hif. *deliver up* (into power of)

סוּג *to go away from.* נָסוֹג, inf. *draw back from*

סוּס *horse.* סוּסִים, pl.

סוּף *reeds, sedge,* coll.

סוּר *to turn aside.* אָסוּרָה־נָּא *let me now turn aside.* וַיָּסַר

סָחַר *he traded*

סֹחֵר *trader, merchant*

סֹךְ *den, lair*

סֻכָּה *trellis, booth*

סקל pi. *he stoned*

סָלָה *to lift up.* Pu. *be weighed*

סלל *to throw up (a rampart).* הִסְתּוֹלֵל *to oppose oneself to*

סֶלַע *rock* (str. *ravine*)

סֹלֶת *flour, very fine*

סָמַךְ *to uphold*

סָמַר and pi. *to bristle up*

סְנֶה *thicket, brush*

סָס *moth, weevil, σής*

סָעַד *to prop, support*

סְעָרָה *a storm.* סַעֲרַת, constr.

סָפַד *to mourn.* יִסְפֹּד

סָפָה *to destroy.* יִסְפֶּה

סַפִּיר *sapphire*

סֵפֶר *book*

סָפַר *to count.* יִסָּפֵר, nif. impf. *it can be counted.* וַיְסַפֵּר, pi. *and he told*

סֵתֶר *hiding-place, lair, covert*

סָתַר *to hide.* Hithpa. *hide oneself*

ע

עָב *cloud.* עָבֵי

עֶבֶד *slave.* עַבְדְּךָ *thy s.*

עָבַד *to serve*

עֲבֻדָּה *service = servants,* servitium

עָבַר *to cross, pass over, away.* (כֶּסֶף) עֹבֵר *money that passes, current.* הֶעֱבִיר *made pass, transferred,* לְ *into*

עֵבֶר *the other side.* מֵעֵבֶר לְ *on the other side of*

עִבְרִי, עִבְרִית *Hebrew*

עֲבֹדָה *work, taskwork*

עֵגֶל *bullock.* עֶגְלָה, f.

עֲגָלָה *cart, wagon, chariot*

עַד־ *to, so far as to,* usque ad. As a conj., *until*

עַד *everlasting.* וָעֶד׃, paus.

עֵדָה *(an appointed) meeting, assembly.* עֵדוֹתֶיךָ

עֵדוּת *testimony, law*

עֵדֶר *flock.* עֶדְרֵי, עֲדָרִים, pl.

עוֹד *still, longer, any more* (after neg.)

עוּד *to say again* (ἅπ). הֵעִיד *he called to witness, appealed to*

עוֹל *yoke*

עוֹלָה *sacrifice, burnt-offering*

עוֹלָם *hidden*, i.e., *indefinite time;* (2) *eternity*

עוֹלֵל *child*, *boy*, poet.

עוּף *to fly.* וַיָּעַף

עוֹף *birds*, coll.

עוּר *to wake*

עִוֵּר *blind*

עוֹר *skin*

עַז *strong* (of a gale). עַזָּה, f.

עֹז *might*, poet. עָזִּי and עָזִי

עֵז *goat*

עָזַב *he left*

עִזּוּז *strong*

עָזַר *he helped.* יַעְזוֹר

עֵזֶר *help*

עֶזְרָה *help*

עַיִט *birds of prey*, coll.

עַיִן *eye*, f. עֵינַיִם *the eyes;* עֵינָיו *his eyes*

עִיר *city.* עִירוֹ *his city.* עָרֵי, עָרִים, pl.

עַל־ *upon.* עָלֶיהָ *beside, near it.* עַל־דֶּרֶךְ *after the manner of*

עֹלֹת ptcp. pl. f. of next word

עָלָה *to go up.* עֲלוֹת, inf. constr. *rising* (of dawn); hif. וַיַּעֲלֵהוּ *and offered him;* הֵעָלוֹת nif. inf.; יַעֲלֶה, impf.

עָלֶה *leaf*

עֶלְיוֹן *High*, a name of God, *Most High*

עלם Nif. *to be hidden*

עַלְמָה *damsel*

עַם *people.* עַם־, עַמִּי

עִם־ *with*, σὺν, μετά. עִמָּדִי *with me.* עִמָּכֶם *with, amongst you*

עָמַד *to stand.* יַעֲמֹד, impf.

עַמּוּד *pillar*

עֵמֶק *glen*

עָמֹק *deep*

עָנָה *to answer.* וַיַּעַן, וַיַּעֲנוּ

עָנָה *to be oppressed.* Pi. inf. constr. עַנּוֹתוֹ *to oppress him*

עֲנָוָה *lowliness*

עֳנִי *oppression*

עָנָן *cloud*

עָפָר *dust*

עֹפֶרֶת *lead*

עֵץ *tree*, also coll. *trees*. עֵצִים, עֲצֵי *logs, firewood*

עִצָּבוֹן *toil, trouble, pain*

עֵצָה *counsel, plan*

עָצוּם *strong*

עֶצֶם *bone*. עֲצָמוֹת

עָקַד *to bind*. וַיַּעֲקֹד, impf.

עִקֵּשׁ *crooked, perverse*

עֶרֶב *evening*

עֲרָבָה *desert*

עֲרָבִים *willows*

עָרוֹם *naked*. עֲרֻמִּים, pl.

עָרוּם *crafty*

עֵרֶךְ *price*

עָרַךְ *to arrange*. וַיַּעֲרֹךְ *and he laid* (the fire-wood); (2) *to compare*

עֲרָפֶל *gloom*

עֶרֶשׂ *bed, couch*

עָשׁ *moth*

עָשָׁן *smoke*. עֶשֶׁן, constr.

עָשֵׁן *smoking*

עֵשֶׂב *verdure, grass*

עָשָׂה *he made, did*. יַעֲשֶׂה, impf.; אַל־תַּעַשׂ *do not*

עֵת *time*. כָּעֵת *at this time*

עַתָּה *now*

עַתּוּד *he-goat*

פ

פֵּאָה *side, corner*

פָּגַע *he treated, made a compact*, בְּ *with*; (2) *he struck*. פֶּן־יִפְגָּעֵנוּ *lest he strike us*

פֶּגֶר *corpse*

פָּגַשׁ *he met*

פָּדָה *he ransomed*; 2) *delivered*

פֶּה *mouth*. פִּי, constr.; פִּיו *his mouth*

פֹּה *here*

פּוּג *to melt*. וַיָּפָג

פּוּץ *to disperse.* Hif. וַיָּפִיצֵם, הֵפִיץ, *to scatter*

פָּז *gold* (str. purified)

פַּחַד *fear, dread,* poet.

פָּחַד *to tremble.* Hif. *to frighten*

פֶּלֶא *a wonder, miracle,* and coll.

פלא *to separate* (no qal). נִפְלָא *is wonderful*

פֶּלֶג *stream*

פלל No qal. Pi. *to judge;* hithpa. *intercede for, pray to,* אֶל־; בְּעַד *on behalf of*

פלט In pi. *deliver*

פְּלֵיטָה *escape;* (2) concr. *what has escaped*

פֶּן־ *lest*

פָּנָה *to turn.* לִפְנוֹת, ger. inf.

פָּנִים *the face, looks.* פְּנֵי; לִפְנֵי *before,*coram; לְפָנַי *before me;* מִלְּפָנַי *from before me* = out of my sight; אֶת־פְּנֵי *in the presence of*

פִּנָּה *corner;* (2) *tower*

כְּתֹנֶת פַּסִּים *a tunic of ends,* i.e., reaching to wrists and ancles

פָּעַל *make, do,* poet.

פֹּעַל *deed*

פַּעַם *time* (*stroke, blow*). שֶׁבַע פְּעָמִים *seven times;* פַּעֲמַיִם *twice*

פָּעַם *to strike.* Nif. וַתִּפָּעֶם *to be disturbed*

פָּצָה *to open*

פָּקַד *to visit, review, muster, punish*

פַּר *a bullock*

פרד Nif. נִפְרַד *he parted from* (him)

פָּרָה *heifer, cow*

פְּרִי *fruit.* פִּרְיוֹ *his fruit*

פָּרַץ *spread, increased.* יִפְרֹץ.

פָּרָה *to bear young,* etc.

פָּרַק and pi. *break off*

פָּרָשׁ *horseman.* פָּרָשִׁים, pl.

פָּרַשׂ *to spread out*

פָּשַׁט *to strip oneself;* hif. *another ; (2) to attack*

פֶּשַׁע *rebellion, fault, trespass*

פַּת *a piece of bread*

פִּתְאֹם *suddenly*

פָּתַח *he opened.* יִפְתַּח, impf.

פֶּתַח *door, gate.* פִּתְחֵי, constr. pl.

פָּתַר *he interpreted, explained*

צ

צֹאו See יָצָא.

צֹאן *sheep*, coll.

צָבָא *host, army.* צְבָא, constr.; צְבָאוֹת

צַד *side*

צַדִּיק *just*, rectus

צָדַק *to be just.* יִצְדַּק.

צֶדֶק *straightness, straightforwardness, right dealing*

צְדָקָה *righteousness; (2) a just reward*

צַוָּאר *neck*

צוה In pi. צִוָּה *to appoint, order;* צִוָּם, pi. c. suff. *he charged them*

צוּר *rock*

צַיִד *hunting*

צֵידָה *food*

צֵל *shadow.* צִלְּךָ

צֶלֶם *image*

צַלְמָוֶת *shade, gloom of death.* ? = צַלְמוּת *gloom;* cf. other Masoretic duplications

צָמֵא *to thirst*

צֶמֶד *yoke*

צֶמַח *outgrowth, herbage*

צָמַח *shot up, sprouted forth.* Hif. *caused to shoot up*

צֶמֶר *wool.*

צָעִיר *small, young*

צָעַק *to cry out.* יִצְעַק, impf.

צְעָקָה *outcry, shrieking*

צָפַן *to hide, store up*

צָפוֹן *north.* צָפֹנָה *northward*

צִפּוֹר *a bird*

צַר *foe*, poet. צָרִים; צָרַי *my foes*

צָרָה *distress, trouble*

צָרַר *to oppress.* צַר לִי, impers. *I am troubled;* וַיֵּצֶר לוֹ *and he was troubled*

צֹרֵר *oppressor, besieger, foe*

ק

קָבַץ *to grasp, collect.* Nif. reflex. נִקְבְּצוּ *have assembled*

קְבוּרָה *grave*

קֶבֶר *grave.* C. suff. קִבְרוֹ; קָבֶר, paus.; קְבָרֵינוּ

קָבַר *he buried*

קָדִים *east wind*

קֶדֶם *the East; (2) yore, old times.* קֵדְמָה, *eastward*

קָדַשׁ *to be holy.* Pi. *he hallowed*

קֹדֶשׁ *holiness; (2) holy place, sanctuary, shrine*

קָדוֹשׁ *holy*

קָהָל *congregation*

קוה Nif. *to be gathered;* pi. קִוָּה *waited,* אֶל־, לְ; יְקַוֶּה, impf.

קוֹל *voice.* קֹלוֹת *thunders*

קוּם *to rise.* קָם, ptcp., *assailant, foe.* וַיָּקָם *and he rose*

קוּץ Only in hif. הֵקִיץ *he awoke*

קוּץ *to fear.* וַיָּקוּצוּ

קָטָן *small, little, young*

קָטֹן *to be little;* and adj. *little*

קְטֹרֶת *incense*

קִיטוֹר *smoke*

קְלָלָה *cursing, curse*

קֶמַח *meal*

קנא Pi. *was zealous*

קָנָה *he acquired, got, bought.* וַיִּקֶן, impf. c. waw conv.

קָנֶה *reed, stalk*

קֵץ *end*

קָצָה *end* (loc.).

קָצֶה *edge*

קָצִיר *harvest*

קָצַף *was angry*

קָרָא *to happen, meet.* Inf. constr. קְרָאת, whence לִקְרַאת *to meet*

קָרָא *to cry, call.* יִקְרָא, impf.

קָרֵב *he came nigh.* יִקְרַב, impf.; הִקְרִיב, idem; (2) *he brought near, offered*

קֶרֶב *midst*

קָרְבָּן *offering*

קָרוֹב *near*

קֶרֶן *horn.* קַרְנַיִם, du.; קַרְנָיו *his horns*

קָרַע *to rend*

קַשׁ *stubble*

קָשַׁב *to attend* (ἅπ). הִקְשִׁיב *he listened, attended*

קָשֶׁה *hard.* קָשָׁה, f.

קָשַׁר *to bind.* Impf. O

קֶשֶׁת *bow.* קַשְׁתִּי, f.

ר

רָאָה *he saw.* יִרְאֶה, impf. וַיַּרְא, with waw conv. וַתֵּרֶא, 3 f.

רֳאִי *vision.* רֹאִי, paus.

רְאֵם *wild bull* or *ox.* Assyr. , rimu

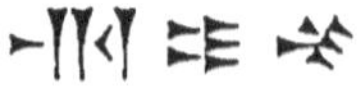

רֹאשׁ *head, top.* רָאשִׁים, pl.; (2) *host, band*

רִאשֹׁנָה *in front*

HEBREW-ENGLISH GLOSSARY. 227

רֵאשִׁית *beginning*

רַב adj. *great, much, many;* adv. *enough*

רֹב *multitude, abundance*

רָבַב *to be numerous.* רַבּוּ, 3 pl.

רְבָבָה *a myriad,* 10,000

רָבָה *to multiply, become great.* יִרְבֶּה, impf.

רְבִיעִי *fourth*

רָבַץ *to lie down*

רִגֵּל In pi. *he slandered.* In ptcp. = *spy*

רָדָה *to tread on, subdue,* c. בְּ

רָגַע *to scare, rebuke.* Hif. *to still, settle, set*

רָדַף *to pursue.* יִרְדֹּף, impf.

רַהַב *pride, insolence,* poet. as a name of the sea, and of Egypt

רְהָטִים *drinking-troughs*

רוּחַ *wind, spirit,* f.

רְוָיָה *abundance, overflow*

רוּם *to be high.* מֵרִים, hif. ptcp.; וַיָּרֶם *and he raised;* pil *exalt,* efferre laudibus

רוּעַ In hif. הָרִיעוּ *shout ye!* וַיָּרַע, impf. c. waw conv.

רוּץ *to run.* וַיָּרָץ *and he ran*

רוּק In hif. הֵרִיק *to pour out, draw* (a sword)

רֹחַב *breadth.* רָחְבָּהּ *its breadth*

רָחוֹק *far off, distant.* מֵרָחוֹק *afar off,* longe

רָחַף In pi. *to brood* or *hover over*

רֶחֶם *womb*

רָחַץ *he washed himself.* לִרְחֹץ

רָחַק *to be far.* Hif. *to remove far;* הַרְחֵק *far off,* longè

רִיב *quarrel, strife*

רַךְ *tender*

רֵיקָם *vainly, without cause* or *effect*

רֶכֶב *chariot,* usu. coll.

רָכַב *to ride.* יִרְכַּב

רְכוּשׁ *goods, wealth*

רָם *high*, ptcp. of רוּם

רָמָה *he cast*, *shot*, poet. in this sense

רִמָּה *worm*

רָמַשׂ *to crawl*

רִנָּה *shouting*

רְנָנָה *shouting for joy*

רַע *bad*, *ugly*. רָע, c. dist. acct; רָעוֹת, f. pl.

רָעָה *wicked deed*, *wickedness*, f.

רָעָב *famine*

רַעַד *shivering*, *trembling*, poet.

רְעָדָה id.

רָעָה *he grazed*, *fed*

רֹעֶה *shepherd*, ptcp. רֹעִים pl.

רֵעַ *friend*, *comrade*

רֵעָה id., f.

רעם In hif. הִרְעִים *thundered*. וַיַּרְעֵם

רָעַע *to do evil*. יֵרַע, impf. (2) *to be evil*; (3) *think evil* or *hard*

רְפָאִים *the weak*, i.e., ghosts in the Underworld

רָפָה *to cast down*. Hif. *let fall the hand*, *let alone*. Juss. 2 pers. תֶּרֶף; הַרְפּוּ, imper. pl.

רֵק *empty*

רַק *only*

רָקַב *rotted*

רָקַד *leapt*, *frisked*. יְרַקֵּיד

רָקִיעַ *expanse*

רָשׁ *poor*, *needy*

רָשָׁע *wicked*

ש

שָׂבָע *plenty*

שֹׂבַע *fulness*, *satiety*

שָׂבַע *to be satisfied*

שָׂדֶה *field*. שָׂדֵהוּ *his f.*

שֶׂה *lamb*

שׂוּךְ *to fence*, *hedge round*

שׂוּם *to set, put.* שַׂמְתִּי, pf. 1, שָׂם, 3, שָׂמָה, 3 f.; וַיָּשֶׂם *and he put*

שָׂחַק *to laugh*

שֵׂיבָה *white hair, age,* canities

שָׂכָר *hire, wages*

שַׂלְמָה *cloak*

שְׂמאוֹל *left hand*

שָׂמֵחַ *to be glad;* pi. *to gladden.* יְשַׂמַּח

שִׂמְחָה *joy, gladness*

שִׂמְלָה *cloak*

שָׂנֵא *to hate*

שֹׂנֵא *an enemy*

שְׂעִפִּים *divisions*=thoughts

שַׂעֲרָה *hair,* coll.

שָׂפָה *lip, edge, bank.* שְׂפַת constr.; שְׂפָתַיִם, du. *the lips*

שַׂק *a sack*

שַׂר *chief, overseer, prince* שָׂרֵי, constr. pl.

שָׂרַף *he burned.* יִשְׂרֹף, impf.

שָׂשׂוֹן *joy*

שׁ

שָׁאַל *to ask.* שְׁאֶלְתֶּם, pf. 2 pl. יִשְׁאַל

שְׁאוֹל *the grave, Underworld, Hades.* שְׁאוֹלָה *unto the grave*

שַׁאֲנַן pil. of unused שׁאן, *to be quiet, at rest*

שָׁאַר *to be left over.* Hif. הִשְׁאִיר *to leave, let remain;* nif. *to be left, survive*

שָׁבוּ See יָשַׁב

שֵׁבֶט *rod, sceptre*

שְׁבִי *captive,* coll.

שִׁבֳּלִים *ears of corn,* f.

שׁבע Nif. נִשְׁבַּע *to swear,* בְּ *by,* לְ *to*

שֶׁבַע *seven;* and שִׁבְעָה; Gr. p. 67, Rem. 2.

שָׁבַר *to break;* pi. intens. *to shiver, break in pieces*

שָׁבַת *to rest.* יִשְׁבֹּת. Hif. הִשְׁבִּית *make cease, stop.* הִשְׁבַּתִּי, pf. 1 pers.

שֶׁבֶת inf. constr. of יָשַׁב; hence perhaps שִׁבְתִּי, Psa. xxiii. 6, = *my dwelling* (usu. shibti, with *a* thinned to *i*)

שָׂרוּף שׂרף, f. שְׂרוּפָה (in pl. only) *scorched, blasted*

שֹׁהַם *onyx*

שׁוּב *to go back, return*; verb ע״ו. Hif. הֵשִׁיב *to make go back, restore*. שׁוֹבֵב, pil. nefesh, *to refresh the spirits*

שָׁוְא *evil; 2) lying; 3) nothingness, nought*

שׁוּט *to row*; (2) *to run*, בְּ *over*

שׁוֹק *leg*

שׁוּק *lane*. שְׁוָקִים, pl.

שׁוֹר *ox*. שְׁוָרִים, pl.

שָׁחָה *to bow down*. Hithpal. הִשְׁתַּחֲוָה *to prostrate oneself*, le or lifnéy, *before*. (In this form the third radical is repeated; shaḥa = shaḥawa orig.) Short impf. c. waw, וַיִּשְׁתַּחוּ (= wayyishtaḥaw)

שָׁחַט *to slay* (a victim), macto

שַׁחַר *dawn*, poet. שָׁחַר, p.

שִׁחֵת Pi. *to destroy*. Hif. *destroy*; 2) *corrupt*, e.g. one's life, darkó

שִׁיר *to sing*

שִׁיר and שִׁירָה *a song*

שִׁית *to set, put, appoint*. ע״י

שָׁכַב *to lie down*. יִשְׁכַּב

שָׁכַח *to forget*. יִשְׁכַּח

שָׁכֹל *to be bereaved*. Pi. *to bereave*

שׁכם In hif. הִשְׁכִּים; impf. c. waw conv. וַיַּשְׁכֵּם, *to rise early*

שְׁכֶם *upper part of the back*, including both shoulders. שֶׁכֶם, paus. שִׁכְמוֹ, c. suff.

שָׁכַן *to abide, dwell, settle*

שְׁכֶנְתָּהּ f., c. 3 f. suff., from שָׁכֵן *inhabitant*

שֶׁלֶג *snow*

שָׁלוֹם *soundness, health, peace*

שָׁלַח *to put forth* (e.g., hand), *send*. Pi. *let go, dismiss*

שֻׁלְחָן *table*

שְׁלִישִׁי *third*

שלך Hif. הִשְׁלִיךְ *to throw, cast*. יַשְׁלִיךְ

שָׁלָל *spoil*

שָׁלֵם *to be safe and sound*. Pi. caus.; (2) *finish*; (3) *pay, repay*

שָׁלַף *to draw out* (e.g., sword)

שָׁלֹשׁ and שְׁלֹשָׁה *three*

שָׁם *there*.

שָׁמָּה *thither*

שֵׁם *name*. שִׁמְךָ, paus. שְׁמֶךָ, שְׁמָהּ, c. suff.; pl. שֵׁמוֹת

שָׁמַיִם *the heavens*. No sing. (Assyr. sing., samu; pl., sami and samamu)

שָׁמֵם *to be silenced, astonished*; 2) *laid waste, dispeopled, destroyed*. Impf. יִשֹּׁם and יֵשַׁם

שַׁמָּה *a waste, desolation*. So שְׁמָמָה

שֶׁמֶן *oil*

שֶׁמֶץ *a rapid, transient sound, whisper*. (Arab. shumâçun, hurrying)

שָׁמַע *to hear, listen to, obey*, c. acc., and le or 'ĕl

שֵׁמַע *report*

שָׁמַר *to guard, watch*; (2) *keep* (e.g., a law). Impf. O

שֶׁמֶשׁ *sun*, f.

שֵׁן *tooth*. שִׁנַּיִם *teeth* (stem shinn)

שָׁנָה *to change*. Nif. reflex.

שָׁנָה *year*. Pl. שָׁנִים and שָׁנוֹת

שֵׁנָה *sleep*

שְׁנַיִם *two*. שְׁנֵי, constr.; f. שְׁתַּיִם, שְׁתֵּי

שֵׁנִי *second*. שֵׁנִית, f. Also adv. *a second time*

שְׁנֵים עָשָׂר *twelve*

שְׁנָתַיִם du. of שָׁנָה, biennium

שׁען In nif. נִשְׁעַן, *to lean upon*, c. ʿal; (2) *rely upon*

שַׁעַר *gate*. שְׁעָרִים, שַׁעֲרֵי.

שִׁפְחָה *maid* (servant). Pl. שְׁפָחוֹת.

שָׁפַט *to judge*. Impf. O.

שֹׁפֵט ptcp., *a judge*

שָׁפַךְ *to pour out*. יִשְׁפֹּךְ, impf.

שָׁפֵל *to be brought low*. Hif. *to humble*, *bring down*

שִׁפְרָה *beauty*

שָׁקָה *to drink*. הִשְׁקָה, hif., *to water*; short impf. c. waw conv., וַיַּשְׁקְ; v. ל״ה

שָׁקַט *to rest*. Impf. O

שֶׁקֶל *a sheqel* (a certain standard weight)

שָׁקַל *to weigh*. Impf. O

שקף In hif. הִשְׁקִיף *to look forth* (from a window, etc.)

שִׁרְיוֹן *coat of mail*

שֶׁרֶץ *reptiles*, coll.

שָׁרַץ *to creep*, or *team*

שֹׁרֶשׁ *root*

שֵׁשׁ and שִׁשָּׁה *six*

שְׁתַּיִם *two*, f.

שָׁתוּל *planted*

ת

תֹּאַר *form*, *look*

תֵּבָה *chest*, *ark*

תֵּבֵל f. *world*, poet., never c. art.

תֹּהוּ *emptiness*, *(empty) space*

תְּהוֹם *roaring deep*. Pl. תְּהֹמוֹת

תְּהִלָּה *praise*

תְּהִי See הָיָה

תּוֹדָה *confession, thanksgiving*

תָּוֶךְ *middle.* תּוֹךְ, constr.; בְּתוֹכֵנוּ *in our midst*

תּוֹלֵעָה *worm, maggot, grub*

תּוֹעֵבָה *an abomination*

תּוּר *to traverse, spy out, reconnoitre*

תּוֹרָה *instruction, law*

תּוּשִׁיָּה *aid, counsel, sageness*

תַּחַת *under, instead of*

תַּכְלִית *completion, end, extremity*

תָּכַן *to poise, prove.* Pi. *weigh*

תָּלָה *he hung*

תָּמַהּ *was astonished, amazed, startled*

תָּמַךְ *grasped, upheld,* בְּ

תְּמוּנָה *likeness, shape*

תְּמוּרָה *exchange*

תָּמִיד *continually, always*

תָּמִים *perfect, complete*

תָּם id.

תָּמַם *was finished, spent.* תַּמּוּ נִכְרָתוּ; יִתֹּם *were quite cut off*

תָּמָר *a palm-tree*

תְּנוּ See נָתַן

תַּנִּין *sea-monster*

תָּעָה *to wander, stray*

תָּקַע *he blew* (a trumpet)

תַּרְדֵּמָה *heavy sleep*

תְּרוּעָה *shout*

תֵּשַׁם: *it shall be unpeopled.* impf. 3 s. f.; see שׁמם

ENGLISH-HEBREW
GLOSSARY.

ENGLISH-HEBREW GLOSSARY.

A

Abide, to, dwell, יָשַׁב

able, to be, יָכֹל. יוּכַל, impf. c. לְ, and inf.

abomination, תּוֹעֵבָה

above (over), עַל

according to, כְּ pref.

account on, of, בִּגְלַל

accounted, to be, חשׁב, nif.

act, פֹּעַל, עֲלִילָה

add, to, יָסַף, impf. יוֹסִיף

advantage, יִתְרוֹן

afraid, to be, יָרֵא; of, מִפְּנֵי

after, אַחֲרֵי

again, עוֹד; to do again, see Gr. p. 154 (*b*).

against, עַל, עָלֵי, c. suff.

all, כֹּל (noun); c. suff. כֻּלּוֹ

almost, כִּמְעַט

alone, לְבַד; c. suff. לְבַדּוֹ (in his isolation)

altar, מִזְבֵּחַ

alter, to, חלף, hif.

and, וְ

angry, to be, קָצַף; אָנַף, and hithpa.

another, אַחֵר

answer, to, עָנָה; וַיַּעַן ,יַעֲנֶה

appal, to, בעת, pi.

appear, to, come into sight. רָאָה, nif.

appearance, look, תֹּאַר

arbitrate, to, הוֹכִיחַ, hif. of יכח; between, בֵּין

arise, to, קוּם

ark, תֵּבָה

arm, זְרוֹעַ; pl. זְרוֹעִים, and זְרוֹעוֹת

army, חַיִל

around, סָבִיב, adv.; סְבִיבוֹת, c. suff.

as, like, כְּ prefixed

as, adv. כַּאֲשֶׁר

ask, to, שָׁאַל; from, מִן

asleep, יָשֵׁן, v. and adj.

ass, חֲמוֹר, m.; אָתוֹן, f.

assailant, קָם, c. suff.

assemble, to, נֶאֱסַף

atone, to, כִּפֵּר; for, עַל

avenge, to, נָקַם; נחם, nif.

awful. נוֹרָא

B

Backward, אָחוֹר

bad, רַע, f. רָעָה

banish, to, גרשׁ, pi.

barrier, bar, בְּרִיחַ; בְּרִיחִים

battle, מִלְחָמָה

bear, to, יָלַד (to give birth to)

bear (carry), נָשָׂא

bear (endure), id.

beauty, יֳפִי

because, conj., עֵקֶב כִּי ,יַעַן כִּי

become, to, הָיָה, oft. c. לְ

bed, מִטָּה

befal, to, קָרָא

before, לִפְנֵי, c. suff.

beget, to, יָלַד

beginning, רֵאשִׁית (always before a genit.)

behold, to, הִבִּיט (נבט)

bereaved, to be, שָׁכֹל; bereave, to, pi.

betrothed, to be, חרף, nif.

between, בֵּין, c. suff.
beware! nif. impf. שָׁמַר
bid, to, אָמַר, c. לְ
bier, אָרוֹן (coffin)
billow, גַּל, Gr. p. 60 (*i*), A
bind, to, קָשַׁר
birds, the, הָעוֹף, coll.; a bird, צִפּוֹר; צִפֳּרִים
birth (the act of bearing), לֶדֶת
bitter, מַר, f. מָרָה
bitumen, חֵמָר
bless, to, בּרך, pi.
blind, עִוֵּר
blood, דָּם
blow, to (a trumpet), תָּקַע שׁוֹפָר
blow, to (of the wind), נָשַׁב
boast, הלל, hithpa.
body, גְּוִיָּה
bondman, שְׁבִי, אָסִיר
bonds, מוֹסֵרִים
bone, עֶצֶם; pl. עֲצָמוֹת
booth, סֻכָּה
boundary, גְּבוּל; קָצֶה (end)

bow, קֶשֶׁת
bow, to, before, שָׁחָה, hithpal.
bowl, קְעָרָה
boy, יֶלֶד, pl. יְלָדִים
bracelet, צָמִיד
brand (fire), אוּד
bread, לֶחֶם, paus. לָחֶם
break, to, שָׁבַר; and pi. intens.
breaking, שֶׁבֶר
breasts, שָׁדַיִם
breath, נְשָׁמָה
breathe, to, נָפַח
breeze, רוּחַ
brick, לְבֵנָה, pl. לְבֵנִים
bride, כַּלָּה
brightness, נֹגַהּ
bring forth (cause to go out), הוֹצִיא, hif. יָצָא
bring forth (bear) יָלַד, f.
brook (gully) נַחַל
brother, אָח
bucket, דְּלִי
build, to, בָּנָה
bullocks, see oxen

burn, to, שָׂרַף

bury, to, קָבַר

business, a, עִנְיָן

but, כִּי אִם

C

Call, to, קָרָא

camel, גָּמָל; pl. גְּמַלִּים

camp, מַחֲנֶה

captivity, שְׁבִי, שִׁבְיָה

carry off (spoil), בָּזַז

cast out, to, הִשְׁלִיךְ, hif.; pass., hof.

cast upon (a burden on God), גָּלַל

cast down, הִשְׁפִּיל

cast off, נָטַשׁ; impf. יִטֹּשׁ

cattle, בְּהֵמָה, coll.

cave, מְעָרָה

cease, to, חָדֵל, c. לְ and inf.; שָׁבַת

cedar, אֶרֶז

chains, זִקִּים

change, to, הָפַךְ; into, לְ; nif. pass.; מוּר, hif.

charge, to, see command

chariot, מֶרְכָּבָה

chariots, coll. רֶכֶב

chase hotly, to, דָּלַק, after, אַחֲרֵי, c. suff.

child, יֶלֶד; coll. טַף

choose, to, בָּחַר, from, מִן

Christ, הַמָּשִׁיחַ

city, עִיר, f.

clay, חֹמֶר

clean, טָהוֹר

cleanness, נִקָּיוֹן

cleave, to, בִּקַּע

cloak, אַדֶּרֶת, c. suff. אַדַּרְתּוֹ

clothed, to be, לָבֵשׁ

clothing, לְבוּשׁ

coast, שָׂפָה, חוֹף

cold, קַר

come! לְכָה, pl. לְכוּ

come, to, בּוֹא, unto, לְ or אֶל
command, to, צִוָּה, pi. צִוָּה
command, מִצְוָה
commence, to, הֵחֵל, hif. of חָלַל
companion, רֵעַ, f. רֵעָה
complete, to, perfect, כִּלָּה
complete, perfect, תָּמִים
condemn, to, הִרְשִׁיעַ (lit., make guilty)
consecrate, to, הִקְדִּישׁ
cornfloor, גֹּרֶן, pl. גְּרָנוֹת
corpse, נְבֵלָה, פֶּגֶר
costly, יָקָר, f. יְקָרָה
couch, עֶרֶשׂ, f. עֲרָשׂוֹת
count, to, סָפַר
country, הָאָרֶץ
courage, גְּבוּרָה
covenant, בְּרִית
cover, to, כִּסָּה
coverlet, שִׂמְלָה
cow, פָּרָה
craftsman, חָרָשׁ, pl. חָרָשִׁים
crave, to, חָפֵץ
crawl, to, רָמַשׂ
cross, to, עָבַר
crown, to, עִטֵּר
crown, עֲטָרֶת
cry, צְעָקָה
cup, כּוֹס
curse, קְלָלָה
curse, to, קִלֵּל, pi. קִלֵּל; אָרַר
cut off, הִכְרִית; be cut off, נִכְרַת

D

Damsel, נַעַר (in Pent.)
darkness, חֹשֶׁךְ
dash, to, נָגַף, against, בְּ; impf. O
daughter, בַּת
dawn, בֹּקֶר; שַׁחַר
day, יוֹם
dayspring, see dawn
deaf, חֵרֵשׁ
dearth, רָעָב

deceit, רְמִיָּה

deceive, to, גָּנַב, c. לֵב (to steal the heart of)

deed, פֹּעַל

deep, עָמֹק, f. עֲמֻקָּה

deep, the, תְּהוֹם, f.

delight, חֵפֶץ

deliver from, rescue, to, הִצִּיל, hif. of נצל ; מִלֵּט

deliver up, הִסְגִּיר ; בְּיַד, into hand of

demand, to, שָׁאַל

demon (demigod), שֵׁד

den, סֹךְ

depart, to, סוּר

deposit, to, הִפְקִיד ; with anyone, בְּיַד ; pass. hof.

desert, מִדְבָּר

destroy, to, שִׁחֵת, הִשְׁחִית ; nif. pass. שָׁדַד

destruction, מַהְפֵּכָה, שׁוֹאָה

devise, to, חָשַׁב

devour, to, בָּלַע

dew, טַל

die, to, מוּת, גָּוַע

disciple, לִמּוּד

dismiss, to, שִׁלַּח, pi. of שָׁלַח

distress, צָרָה

ditch, שַׁחַת

divide, to (reflex.) נִבְקַע, one's forces, נֵחָלֵק (in impf.)

divide, to, trans., בִּקַּע, חִלֵּק

do, to, עָשָׂה

do to another (good or evil) גָּמַל

do good, הֵיטִיב ; evil, הֵרַע

dog, כֶּלֶב

doing, מִפְעָל

doom (judgment), דִּין

door, דֶּלֶת

downwards, לְמַטָּה

draw nigh, to, נָגַשׁ, קָרֵב

draw a sword, שָׁלַף

dread, to, חתת, nif.; impf יֵחַת

dread, פַּחַד

dressed, to be, לָבֵשׁ, יִלְבַּשׁ

drink, to, שָׁתָה

dry, to be, יָבֵשׁ

dumb, אִלֵּם

dust, עָפָר

dwell, to, יָשַׁב

dwelling, a, מוֹשָׁב; זְבוּל (of a star)

E

Each ... other, אִישׁ ... אָחִיו, see Gr. p. 50.

eagle, נֶשֶׁר

ear, אֹזֶן, f.

earth, אֶרֶץ, f.

earthquake, זְוָעָה

east, קֶדֶם

east wind, קָדִים

eat, to, אָכַל

edge (of sword, etc.), פֶּה, constr. פִּי

eight, שְׁמֹנָה

eldest, firstborn, בְּכוֹר

eleven, עַשְׁתֵּי עָשָׂר (also אַחַד ע״)

empty, to, בָּקַק; nif. impf. יִבּוֹק

end, קֵץ, סוֹף, אַחֲרִית (of time)

end, to, intrans. תָּמַם; impf. יִתֹּם

enemy, אֹיֵב, ptcp. of אָיַב

enlighten, to, הֵאִיר (hif. of אוֹר)

envy, קִנְאָה

escape, to, נִמְלַט, nif. of מלט (2) נִצַּל (in impf., nif. of נצל)

establish, to, שִׂים, יָשִׂים (to set, appoint)

evening, עֶרֶב

everlasting, עוֹלָם

every, כֹּל

evil, adj. and n., רַע, f. רָעָה

exalted, to be, רוּם

excellence, מוֹתָר

execute, to (fulfil), הִשְׁלִים

exiled, to be, גָּלָה

expanse, רָקִיעַ

expiate, to, כִּפֶּר, for, עַל

extol, to, רוֹמֵם, pil. of רוּם

eye, עַיִן, f.

F

Face, פָּנִים, constr. פְּנֵי

fail, to, חָסֵר

fair, יָפֶה, f. יָפָה

faithful, נֶאֱמָן

faithfulness, good faith, אֱמוּנָה

fall, to, נָפַל

fall back, backslide, סוּג

fall down (in reverence), הִשְׁתַּחֲוָה; see שָׁחָה, Heb. Eng. Gloss.

false, כֹּזֵב

falsehood, כָּזָב

famine, רָעָב

famous = man of name

farmer, אִישׁ אֲדָמָה

fashion, to, יָצַר

father, אָב

fatherless, יָתוֹם

fear, to, יָרֵא

feast, חַג; to hold a f. חָגַג

feeble (soft), רַךְ

fence, גְּדֵרָה

festival, מוֹעֲדִים, מוֹעֵד, עֲצָרָה

field, שָׂדֶה

fight, to, נִלְחַם; against, בְּ; with עִם־

filled, to be, מָלֵא; to fill, pi.

find, to, מָצָא

finish, to, הִשְׁלִים; כִּלָּה

firmament, see expanse

first, רִאשׁוֹן; (of month) אֶחָד

fish, to, דִּיג; coll. דָּגָה

five, חֲמִשָּׁה

fix up, to, הֵקִים, כּוֹנֵן

flask, גָּבִיעַ (bowl)

fleet, אֳנִי

fleet, see swift

flesh, בָּשָׂר

flood, מַבּוּל, m.

flower, נִצָּה, נֵץ, צִיצָה

fly (of birds), עוּף

fly (escape), בָּרַח

foe, אוֹיֵב, ptcp., of אָיַב

fold, גְּדֵרָה

folly, אִוֶּלֶת

food, אָכְלָה

fool, נָבָל ; פְּתִי

foot, רֶגֶל ; feet, רַגְלַיִם

for (instead of), תַּחַת

forget, to, שָׁכַח

forgive, to, נָשָׂא לְ ; forgiven, to be (of a sin), כפר, pu.

forgiveness, סְלִיחָה

form, shape, תְּמוּנָה ; צֶלֶם

forsake, עָזַב

forty, אַרְבָּעִים

found, to, יָסַד

fount, מַעְיָן

four, אַרְבָּעָה

frame, to, יָצַר

free, חָפְשִׁי

free, to set, שִׁלַּח ח״

frog, צְפַרְדֵּעַ

from, מִן־ ; מֵ prefixed to gutt.

fruit, פְּרִי

fulfil, to (vow), שִׁלֵּם

G

Gain, to, קָנָה

gape open, to, פָּצָה

garden, גַּן, גַּנָּה

gate, שַׁעַר

gateway, פֶּתַח

gather, to, קִבֵּץ ; reflex. נִקְבַּץ

gathering, קָהָל

generation, דּוֹר

ghoul, שָׂעִיר (hairy goat)

girdle, אֵזוֹר, חֲגוֹרָה

girdled, to be, אָזַר, c. acc.

girl, יַלְדָּה

give, to, נָתַן

give up, to, הִסְגִּיר ; to, בְּיַר

glide, to, חָלַף, יַחֲלֹף

gloom, חֲשֵׁכָה

glorify, to, כִּבֵּד

glorious, אַדִּיר

glory, כָּבוֹד ; גָּאוֹן

glow, to, הוֹפִיעַ
go, to, הָלַךְ
go by, to, עָבַר (of time)
go out, to, יָצָא
go round, סָבַב; הִקִּיף
goad, דָּרְבָן
goat, עֵז, עִזִּים
God, אֱלֹהִים
going, march, הֲלִיכָה
gold, זָהָב; poet. פָּז, כֶּתֶם, חָרוּץ
good, טוֹב, f. טוֹבָה
gradually, see Gr. p. 151 (*b*)
grapes, bunch of, עֵנָב, עִנְּבֵי
grass, עֵשֶׂב; דֶּשֶׁא
grave, קֶבֶר; קְבוּרָה
great, to be, נִכְבַּד
great, to make, גִּדֵּל
great, גָּדוֹל
greatly, מְאֹד
greatness, גֹּדֶל
grieve, to, אנח, nif.; אבל, hithpa.
grievous, to be, רָעַע
ground, אֲדָמָה
grow up, to, גָּדֵל
guard oneself, to, נִשְׁמַר, c. מִן־
guerdon, צְדָקָה
guide, to, הוֹלִיךְ, hif. of הָלַךְ
guilt, עָוֹן

H

Ha! הֶאָח
hail, בָּרָד
hair, a, שַׂעֲרָה; white hair, שֵׂיבָה
hallow, to, הִקְדִּישׁ (also, to acquit)
halt, see lame
hand, יָד, f.; יָדַיִם, du.; יְדֵי, constr.
handmaid, שִׁפְחָה
harm, to, גָּמַל הָרָעָה; (the verb takes a suff.)

harp, כִּנּוֹר

harvest, קָצִיר

hasten, to, מִהֵר, pi.

hate, to, שָׂנֵא, and pi. ptcp., foe

hatred, שִׂנְאָה

have, to, יֵשׁ לִי (there is to me); כָּל־אֲשֶׁר־לִי, all that I have

he, הוּא

head, רֹאשׁ

hear, to, שָׁמַע

heart, לֵב, לֵבָב

heat, חֳרִי

heathen, adj., טָמֵא (polluted); גּוֹיִם (nations)

heavy, to be (burdensome, severe), כָּבֵד

heed, to, רָאָה, שָׁמַר

heifer, עֶגְלָה

help, to, עָזַר

help, עֶזְרָה

hence, מִפֹּה (from here)

herdsman, רֹעֶה

here! הִנֵּה (voici!) c. suff.

hewn-stone, גָּזִית

high, רָם (ptcp., of רוּם)

hind, אַיָּלָה

holy, קָדוֹשׁ

honour, כָּבוֹד

honoured, to be, נִכְבַּד; honour, to, כִּבֵּד

hope, תִּקְוָה

hope, to, חִכָּה, pi. c. acc. and לְ

hope (wait), יחל, pi.; יְיַחֵל, impf.

horn, קֶרֶן; du. קַרְנַיִם

horseman, פָּרָשׁ (parrash)

house, בַּיִת; constr. בֵּית

how! מַה, מָה, מֶה, see Gr. p.

how, quomodo, אֵיךְ

howl, to, הֵילִיל

humble, to, הִשְׁפִּיל

humility, עֲנָוָה

hundred, מֵאָה; constr. מְאַת

hungry, to be, רָעֵב; also adj.

husband, אִישׁ, בַּעַל

husbandman, אִכָּר; see farmer

hushed, to be, דָּמַם

I

I, אָנֹכִי, אֲנִי
ice, קֶרַח
idol, צֶלֶם, נֶסֶךְ
if, אִם־, כִּי
ill-will, שִׂנְאָה
in, into, בְּ pref.
inherit, to, יָרַשׁ
innocence, נִקָּיוֹן
innocent, נָקִי
instead of, תַּחַת; תַּחְתָּם, c. suff.
interpreter, מֵלִיץ, hif. ptcp. of לוּץ
into (of change), לְ
invoke, to, קָרָא בְּ
iron, בַּרְזֶל
it, הִיא, זֹאת, f.; הוּא, m.

J

Joy, שִׂמְחָה; מָשׂוֹשׂ
judge, שֹׁפֵט
judge, to, שָׁפַט
judgment. מִשְׁפָּט
just, to be, צָדַק, impf. A
justice, צֶדֶק; מִשְׁפָּט

K

Keep, to, שָׁמַר
kid, גְּדִי, pl. גְּדָיִים, constr. גְּדָיֵי
kill, to, הָרַג
kind, חָסִיד
kindness, חֶסֶד
king, מֶלֶךְ
kingdom, מַמְלָכָה
knee, בֶּרֶךְ, du. בִּרְכַּיִם
know, to, יָדַע; pass., nif.

L

Lack, to, יֶחְסַר ,חָסַר

lack, חֶסְרוֹן

lacking, חָסֵר; l. honesty, חֲסַר חַיִל

lad, נַעַר ,יֶלֶד

lair, סֹךְ

lame, פִּסֵּחַ

lamentation, אֵבֶל

lamp, נֵר

land, אֶרֶץ, pl. אֲרָצוֹת

language, שָׂפָה

last, see end

laugh, to, שָׂחַק

lay hold of, to, תָּפַשׂ, בְּ

lead, to, הוֹלִיךְ; הֻבִיא (hof. pass.); נָחָה, impf. hif. יַנְחֶה

leaf, עָלֶה

lean, thin, דַּק, pl. דַּקִּים

lean upon, to, נִשְׁעַן; עַל

leap for joy, עָלַז, גִּיל

leave, to, עָזַב

left, the, שְׂמֹאול

lie down, to, שָׁכַב

life, חַיִּים; נֶפֶשׁ, pl. נְפָשׁוֹת

lifted up, to be, רוּם (of pride)

light, אוֹר

likeness (look, aspect), תֹּאַר, דְּמוּת

line (measure), חֶבֶל

lion, אַרְיֵה ,אֲרִי

lip, שָׂפָה; du. שְׂפָתַיִם, cstr. שִׂפְתֵי

little, קָטֹן

live, to, חָיָה

living, חַי

lofty, רָם ,גָּבֹהַּ

long, to, אָוָה, hithpa. c. inf. and לְ

look at, to, הִבִּיט; רָאָה; on, בְּ

lord, אָדוֹן; my lord! אֲדֹנִי

lot, גּוֹרָל, חֵלֶק (portion)

love, to, אָהַב ,חָפֵץ

loveliness, יֳפִי, Isa. xxxiii. 17.

low, to be, שָׁפֵל

lower, to, bring low, הִשְׁפִּיל
lower, adj., תַּחְתִּי, תַּחְתִּי, f. תַּחְתִּית
lowliness, עֲנָוָה
lust, תַּאֲוָה

M

Maiden, בְּתוּלָה virgo; עַלְמָה puella
maidenhood, בְּתוּלִים
make, to, עָשָׂה; (appoint), שִׂים
maker, עֹשֶׂה
man, אָדָם; a, אִישׁ
mankind, הָאָדָם
many, רַב, רַבִּים
meet, to, פָּגַע, c. בְּ (= hit upon)
midst, תָּוֶךְ
might, עֹז
mighty, גִּבּוֹר
milk, חָלָב
moan, אֲנָחָה
modesty = humility
moistened, to be, רָטַב
moment, in a, רֶגַע, כְּרֶגַע
money, כֶּסֶף; (a bribe), שֹׁחַד
month, חֹדֶשׁ
moon, יָרֵחַ
more than, מִן־
morning, בֹּקֶר
mother, אֵם
mould, to, יָצַר
mountain, הַר
mourn, to, אָבַל, יֶאֱבַל
mouth, פֶּה
much, רֹב (multitude)
myriad, רְבָבָה

N

Name, שֵׁם
name, to, קָרָא, אָמַר, לְ
nation, עַם, גּוֹי
near, קָרוֹב; prep. אֵצֶל

ENGLISH-HEBREW GLOSSARY. 251

near, draw, to, קָרֵב
neck, צַוָּאר, and pl.
neighbour, see near
new, חָדָשׁ
next, adv., אַחַר
night, לַיְלָה
noise, הָמוֹן
no longer, עוֹד . . . לֹא
no man, כֹּל . . . לֹא; אֵין c. ptcp.
nose, אַפַּיִם
nostril, אַף
not, לֹא (gen. non); אַל (gen. ne); see Gr. p. 163.
not (is, are not), אֵין־, c. suff.
nothingness, אַיִן, הֶבֶל
now, עַתָּה
now (hortatory enclitic), ־נָא

O

Oak of weeping, אַלּוֹן בָּכוּת
oath, שְׁבוּעָה
occupy, to, יָרַשׁ
offence, חַטָּאת
offend, to, חָטָא
offspring, זֶרַע
old, זָקֵן
old age, זְקוּנִים
old time, קֶדֶם
on (of time), בְּ
on (upon), עַל; c. suff. עָלַי, see Gr. Suff. Pron.
once, פַּעַם אַחַת (one time)
one, אֶחָד
only, adv. restrict. רַק
open, to, פָּקַח; pass., nif.
open, to (intr.), פָּתַח; (the mouth), פָּצָה
oppression, עֳנִי
order, to, צִוָּה, c. לְ
order, set in, arrange, עָרַךְ
ornament, כְּלִי, כֵּלִים (σκεύη)
ourselves, see Gr. Pronouns
out of, מִן־

outstretched, נָטוּי
overturn, to, הָפַךְ; impf. יַהֲפֹךְ
ox, שׁוֹר
oxen, בָּקָר, coll.

P

Pain, עִצָּבוֹן
palm (of hand), כַּף
pant, to, הֵפִיחַ, שָׁאַף
pass over, to, cross, עָבַר
passenger, עֹבֵר
path, מַעְגָּל, דֶּרֶךְ
patient, עָנָו
pay, to (a vow), שִׁלֵּם
peace, to make, הִשְׁלִים; with, אֶת־
peace, שָׁלוֹם
pearls(?), פְּנִינִים
people, עַם
perfect, תָּמִים
perish, to, אָבַד
perverse, עִקֵּשׁ
pillar, עַמּוּד, מַצֵּבָה
pity, to, חָנַן; impf. יָחֹן
place, מָקוֹם
plague, דֶּבֶר
plant, to, נָטַע
planted, שָׁתוּל
pleasant, נָעִים (amaenus)
pleasantness, נֹעַם
plenty, שָׂבָע
plow, to, חָרַשׁ
plow, a, מַחֲרֶשֶׁת
plunder, גְּזֵלָה
poor, אֶבְיוֹן, עָנִי, עֲנִיִּים
portioned out, to be, חֻלַּק
pour, to, שָׁפַךְ
poverty, רֵישׁ
praise, to, הִלֵּל
praise, תְּהִלָּה
pray! נָא (encl.)
prayer, תְּפִלָּה
precept, פִּקּוּד
precious, יָקָר

prepare, to, הֵכִין
preserve, to (keep alive), חִיָּה
prevail over, to, יָכֹל, c. לְ
pride, גַּאֲוָה
prince, שַׂר, נָזִיר (str. Nazirite)
profane, חָנֵף
profane, to, חִלֵּל
prolong, to, מָשַׁךְ
prophecy, נְבוּאָה
prophet, נָבִיא
proverb, מָשָׁל
prowess, גְּבוּרָה
pull down, to, נָתַץ
punish, to, פָּקַד
pure, בַּר
pure, to be, זָכַךְ; hif. to make pure, זִכָּה
purify, to, זָקַק (to strain); pu. pass.
purity, נִקָּיוֹן
purple, תּוֹלַעַת
pursue, to, רָדַף; after, אַחֲרֵי
put, to, נָתַן, שִׁית
put down, to, הִנִּיחַ

Q

Queen, מַלְכָּה
quicken, to (make alive), חִיָּה

R

Rain, מָטָר
rain, to, הִמְטִיר
raise, to, הֵרִים, hif. of רוּם; הֵקִים, hif. of קוּם
ransom, פָּדָה, גָּאַל
ratify, to, הֵקִים; hif. of קוּם
reach, to, הִגִּיעַ לְ
recompense, צְדָקָה; see return
red, to be, אָדַם

redeem, to, גָּאַל
reed, קָנֶה
rein, רֶסֶן
remember, to, זָכַר
renown, שֵׁם
repay, to, שִׁלַּם, הֵשִׁיב, גָּמַל
reproach, to, חרף, pi.
reproach, כְּלִמָּה, חֶרְפָּה
requite = repay
resemble, to, דמה, nif.
rest, to, שָׁבַת, נוּחַ, נִשְׁעַן
return, גְּמוּל
return, to, שׁוּב, hif. trans.
revolution, תְּקוּפָה
riches, עֹשֶׁר, חַיִל
right, the, יָמִין (hand)
rise, to, קוּם
river, נָהָר; pl. נְהָרִים and וֹת
roar, to, נָהַם, הָמָה
roar, שְׁאָגָה, הָמוֹן
robe, בֶּגֶד, מְעִיל, שַׂלְמָה
rock, to, מוֹט, nif.
rod, מַטֶּה
roll away, to, הֵגֵל (in impf.) hif. of גלל
root, שֹׁרֶשׁ
rot, to, רָקַב
ruin, חָרְבָּה
rule, to, מָשַׁל, בְּ
run, רוּץ

S

Sacrifice, זֶבַח
salt, מֶלַח
salvation, יְשׁוּעָה
sanctify, to, קִדֵּשׁ
satisfied, to be, שָׂבֵעַ
save, to, הוֹשִׁיעַ (יָשַׁע)
say, to, אָמַר
scare, to, בִּעֵת
scatter, to, זֵרָה (pi.), הֵפִיץ
sceptre, שֵׁבֶט
scribe, סֹפֵר
sea, יָם, יַם־

seat, מוֹשָׁב
second, שֵׁנִית, שֵׁנִי
see, to, רָאָה
seed, זֶרַע
seek, to, בִּקֵּשׁ
seize, to, אָחַז, יאחֵז
sell, to, מָכַר
send, to, שָׁלַח
serve, to, עָבַד
set, to, שִׂים
set, fix, to, שִׁוָּה
set up, to, הִצִּיב (נצב)
settle, to, הוֹשִׁיב (ישב)
seven, seventy, see Gr. pp. 66, 67
shadow, צֵל
shaking, תְּנוּפָה
shame, בֹּשֶׁת
sharp, חַד
shed, to, שָׁפַךְ
sheep, צֹאן
shepherd, רֹעֶה
shield, מָגֵן
shine, to, יפע, hif.
ship, אֳנִיָּה
shiver, to, נוּעַ
shoot forth, to, הִצְמִיחַ
shoulder, שְׁכֶם
shouting, רִנָּה
show = make see, hif.
shriek, to, צָעַק
shrine, קֹדֶשׁ
shut, to, סָגַר
sickness, חֳלִי
sighing, אֲנָחָה
sight, מַרְאֶה (look)
sign, אוֹת
silver, כֶּסֶף
sin, to, חָטָא, יֶחֱטָא
sin, a, חַטָּאת
sincerity, אֱמֶת
sing, to, שִׁיר
sinner, חַטָּא
sister, אָחוֹת, Gr. p. 65
slander, to, חֵרֵף, רָגַל
slave, עֶבֶד
slay, to, הָרַג
sleep, שֵׁנָה
sleep, to, יָשֵׁן, יִישַׁן
small, קָטֹן, קָטָן

smile, see laugh
smite, to, הִכָּה (נכה)
smoke, עָשָׁן
smoothness, חֵלֶק
snow, שֶׁלֶג
softly, לָאַט
son, בֵּן
song, שִׁיר
sore, רַע
sorrow, יָגוֹן
soul, נֶפֶשׁ
sound, קוֹל
south, נֶגֶב, תֵּימָן
sow, to, זָרַע
speak, to, דִּבֶּר
spirit, רוּחַ
spoil, שָׁלָל
sport, to, צחק, pi.
spotted, נָקֹד
spread out, to, פָּרַשׂ, נָטָה
spring, a, מַעְיָן
staff, מַקֵּל
stand, to, עָמַד
star, כּוֹכָב
statute, חֹק, חֻקִּים
steal, to, גִּנֵּב (also qal)
steer, פַּר, עֵגֶל
still, yet, עוֹד
stone, אֶבֶן
stop, to, intr., עָמַד
storm, סַעַר
straightness, צֶדֶק, מִישׁוֹר
strange = wonderful
stranger, גֵּר
stream, פֶּלֶג
street, שׁוּק, חוּץ
strength, חֵוֶק, עֹז
strengthen, to, חִזֵּק
strife, רִיב
strike, נכה, hif.
stripes, מַכָּה, coll.
strong, חָזָק, עָצוּם
suckle, to, ינק, hif.
substance (wealth), רְכוּשׁ
sulphur, גָּפְרִית
sun, שֶׁמֶשׁ
supplications, תַּחֲנוּנִים
swallow, to, בָּלַע

swear, to, נִשְׁבַּע
sweat, זֵעָה
sweet, to be, עָרַב
swift, קַל
swim, to, שָׂחָה
sword, חֶרֶב

T

Take, to, לָקַח; (a city) לָכַד
take down, to, הוֹרִיד, hif. of יָרַד; pass. hof.
tall, גָּבֹהַּ
teach, to, הוֹדִיעַ, hif. of יָדַע; לִמֵּד
tear away, to, גָּזַל; from, מִן
tear in pieces, to, בִּקַּע
tell, to, דִּבֵּר; (good news) בִּשֵּׂר
tempt, to, נִסָּה; בָּחַן (to test); nif. pass.
temptation, מַסָּה
ten, עֶשֶׂר
tender, רַךְ
tender mercies, רַחֲמִים
tent, אֹהֶל
terror, בַּלָּהָה, פַּלָּצוּת poet.
thank, to, הוֹדָה, hif. of ידה
thanksgiving, תּוֹדָה
that, הוּא, f. הִיא; pl. הֵמָּה, f. הֵנָּה
thigh, יָרֵךְ; constr. יֶרֶךְ, f.
thin, דַּק
thing, דָּבָר
this, זֶה, f. זֹאת; pl. אֵלֶּה
thorn, קוֹץ
thou, אַתָּה, f. אַתְּ
thousand, אֶלֶף
throne, כִּסֵּא
throw, to, הִשְׁלִיךְ
thrust through, to, דָּקַר
thunder, to, הִרְעִים
till, to, עָבַד
time, עֵת
together, יַחַד
toil, עָמָל, יְגִיעַ

token, מוֹפֵת

tongue, לָשׁוֹן

tooth, שֵׁן; teeth, שִׁנַּיִם

totter, to, נָמוֹט, nif. of מוט

treasure, אוֹצָר; pl. אוֹצָרוֹת

tree, עֵץ

trouble, צָרָה

trust in, to, הֶאֱמִין, c. בְּ; חָסָה (take refuge with)

turn (round) to, intr. פָּנָה, יִפְנֶה; וַתֵּפֶן and she turned

turn into, to, הָפַךְ, c. ל

turn backward, to, סוג, nif.

two, שְׁנַיִם; constr. שְׁנֵי; f. שְׁתַּיִם, שְׁתֵּי

U

Under, תַּחַת

understanding, בִּינָה, הַשְׂכֵּל

Underworld, the, שְׁאֹל

upon, עַל

upper, עֶלְיוֹן, adj.

upright, יָשָׁר

uproot, to, שֵׁרֵשׁ, pi.

V

Valley, עֵמֶק, גַּיְא

vanity, הֶבֶל (a breath), שָׁוְא

veil, צָנִיף

very, מְאֹד (after adj.)

vessel, כְּלִי

village, חָצֵר, pl. ־ִים and ־וֹת

vine, גֶּפֶן

vineyard, כֶּרֶם

vision, רְאִי

visit, to, פָּקַד

voice, קוֹל

vow, נֶדֶר

vow, to, נָדַר

W

Wages, שָׂכָר

wail, to, הֵילִיל

wait, to, יִחֵל; קִוָּה, for, לְ

walk, הָלַךְ

wander, to, תָּעָה, רוּד

wanderer, נָע

war, מִלְחָמָה

wary, to be, נִשְׁמַר; c. מִן־, beware of

waste, to lay, הֵשַׁם, hif. of שָׁמַם

watch, to, שָׁמַר; over, עַל

watch, to, צָפָה (observe)

water, מַיִם

water, to, הִשְׁקָה

wave, גַּל

way, דֶּרֶךְ

weak, חַלָּשׁ, רַךְ

weapon, כְּלִי

weary, יָגִיעַ

weary, to be, נִלְאָה

weep, to, בָּכָה

weeping, בְּכִי

well, a, בְּאֵר

wheel, גַּלְגַּל

where? אַיֵּה

white, לָבָן

white hair, שֵׂיבָה

who, which, that, אֲשֶׁר, see Gr. p. 45, note (3)

who? מִי; what, מָה

whole = sound, שָׁלוֹם

why? מַדּוּעַ

wicked, רָשָׁע

wickedness, רָעָה

widow, אַלְמָנָה

wife, אִשָּׁה, constr. אֵשֶׁת

wilderness, מִדְבָּר, עֲרָבָה

will, to (desire), חָפֵץ

will, חֵפֶץ

willows, עֲרָבִים

wind, רוּחַ, pl. רוּחוֹת

wine, יַיִן

wise, חָכָם

with (instr.), בְּ; (accomp.) עִם־
wither, to, נָבֵל
wolf, זְאֵב
woman, see wife
womb, בֶּטֶן
wonderful, נִפְלָא
word, דָּבָר
work, a, מַעֲשֶׂה, מְלָאכָה, עָמָל
work, to, עָבַד
world, עוֹלָם (late use = *αἰών*)
wrath, אַף, קֶצֶף, זַעַם
write, to, כָּתַב, impf. O

Y

Year, שָׁנָה, pl. ־ִים and ־וֹת
yoke, עֹל
young, קָטָן
youth, נְעוּרִים

SELECTIONS FROM MESSRS. BAGSTER'S CATALOGUE.

BOOKS FOR BIBLE STUDENTS.

NOW READY.
WILLIAM TYNDALE'S
FIVE BOOKS OF MOSES,

Called The Pentateuch. Printed A.D. 1530.

Reprinted verbatim, compared with the Edition of 1534, *Matthew's Bible* of 1537, Stephani *Biblia* of 1528, and Luther's *Das Alte Testament* of 1523; together with the Chapter Summaries and Marginal Notes from *Matthew's Bible*, the Marginal Notes of Luther, and Prolegomena.

By J. I. MOMBERT, D.D.

This Edition of the First English Translation of the Pentateuch, now for the first time reprinted in separate form, is made from the copy in the Lenox Library, New York.
This handsome volume of 800 pages is printed on hand-made paper, and contains as a Frontispiece a Facsimile of William Tyndale's Autograph letter, from a Photograph of the original in the Archives du Royaume Belgique. Royal 8vo, cloth, 31s. 6d.

ENGLISH VERSIONS OF THE BIBLE. A Handbook. With copious Examples illustrating the Ancestry and Relationship of the several Versions, and Comparative Tables. By the Rev. J. I. MOMBERT, D.D. 508 pp. crown 8vo, cloth, 6s.
This volume, on which the Author has spent years of laborious research and study, presents an exhaustive view of the English versions, from Anglo-Saxon times to the Revision of 1881, brings together information not contained in any single work extant, and is an *indispensable Work of Reference* to all readers of the Bible.

HOW WE GOT OUR BIBLE. An Answer to Questions suggested by the New Revision. By J. PATERSON SMYTH, A.B., LL.B. Crown 8vo, Fourth Edition (16,000), 130 pp., 1s.

THE ENGLISHMAN'S GREEK CONCORDANCE OF THE NEW TESTAMENT. Showing a Verbal Connection between the Greek and the English Texts. Eighth Edition. To which is added A CONCORDANCE OF VARIOUS READINGS adopted by GRIESBACH, LACHMANN, TISCHENDORF, TREGELLES, ALFORD, WORDSWORTH, WESTCOTT and HORT, and "THE REVISERS." 1100 pp., royal 8vo, cloth, 21s.

A NEW CRITICAL GREEK AND ENGLISH CONCORDANCE OF THE NEW TESTAMENT. Prepared by CHARLES F. HUDSON, A.M.; Revised and Completed by EZRA ABBOTT, D.D., LL.D. Fifth Thousand. Crown 8vo, cloth, pp. 530, price 7s. 6d.
Highly commended by Drs. LIGHTFOOT, WESTCOTT, ANGUS, and many others; used by all the Westminster Revisers of the New Testament, as well as by their American coadjutors. Useful both to the learned and the unlearned, giving the *Various Readings* of the best critical editions of the Greek Testament, as well as the ENGLISH TRANSLATION of every Greek word in the Testament, in every place where it occurs. The whole in a pocket Volume. Intelligible to the mere English Student, and specially useful to the most learned and critical Greek Scholars. *For an intelligent and critical examination into the merits of the New Revision, no book in existence is so valuable as this.*

THE GREEK STUDENT'S MANUAL. Contents :— I. A Practical Guide to the Greek Testament, designed for those who have no knowledge of the Greek Language.—II. The New Testament, Greek and English.—III. A Greek and English Lexicon to the New Testament. Fcp. 8vo, cloth, 7s. 6d.

THE HEBREW STUDENT'S MANUAL. Contents :—Preface. Recommendations to the Learner. I. A Hebrew Grammar.—II. A Series of Hebrew Reading Lessons, Analysed.—III. The Book of Psalms, with Interlineary Translation ; the Construction of every Hebrew Word being clearly indicated and the root of each distinguished by the use of hollow and other types ; to which is added an Article on Pronunciation, with Portions of Texts Transliterated and Translated.—IV. A Hebrew and English Lexicon, containing all the Hebrew and Chaldee Words in the Old Testament Scriptures. Fcp. 8vo, cloth, 7s. 6d.

BAGSTER'S BIBLES.
In styles from French morocco, circuit edges, to Levant morocco, calf-lined, perfectly supple. Prices from 4s. to 42s.

S. BAGSTER & SONS, LTD., 15 PATERNOSTER ROW, LONDON.

RECORDS OF THE PAST

BEING

ENGLISH TRANSLATIONS

OF THE

ASSYRIAN AND EGYPTIAN MONUMENTS.

NEW SERIES.

Vols. I.—IV., Now Ready.

A new series of "Records of the Past" is now appearing under the editorship of Prof. Sayce, who is assisted in the work by Mr. Le Page Renouf, Prof. Maspero, Mr. Budge, Mr. Pinches, Prof. Oppert, and other distinguished Egyptian and Assyrian scholars. The new series of volumes differs from its predecessor in several respects, more especially in the larger amount of historical, religious, and geographical information contained in the introductions and notes, as well as in references to points of contact between the monumental records and the Old Testament. Translations of Egyptian and Assyrian texts will be given in the same volume.

Crown octavo, cloth extra, 4s. 6d.

LONDON:
SAMUEL BAGSTER & SONS, LIMITED,
15 PATERNOSTER ROW,

Records of the Past—New Series.

CONTENTS OF VOLUME I.

The Dynastic Tablets and Chronicles of the Babylonians. By the Editor.—The Inscriptions of Telloh. By Arthur Amiaud.—Sin-Gashid's Endowment of the Temple Ê-Ana. By Theo. G. Pinches.—An Erechite's Lament. By Theo. G. Pinches.—Inscription of Tiglath-Pileser I., King of Assyria. By the Editor.—The Assyrian Story of the Creation. By the Editor.—The Babylonian Story of the Creation according to the Tradition of Cutha. By the Editor.—Babylonian Lawsuits and Judgments. By Prof. J. Oppert, Member of the Institute.—Inscription of Menuas, King of Ararat, in the Vannic Language. By the Editor—The Ancient Hebrew Inscription of Siloam. By the Editor.

CONTENTS OF VOLUME II.

Inscription of Uni (of the Sixth Dynasty). By Prof. Maspero, Member of the Institute.—The Adventures of Sinuhit (of the Twelfth Dynasty). By Prof. Maspero.—The Legend of the Expulsion of the Hyksos. By Prof. Maspero.—The Stele of Thothmes IV. (of the Eighteenth Dynasty). By D. Mallet.—Tablets of Tel el-Amarna relating to Palestine in the Century before Exodus. By the Editor.—The Inscriptions of Telloh. By Arthur Amiaud (*continued from* Vol. I.).—The Assyrian Chronological Canon By the Editor.—The Standard Inscription of Assur-natsir-pal. By the Editor —Specimens of Assyrian Correspondence. By Theo. G. Pinches.—Akkadian Hymn to the Setting Sun. By G. Bertin.—The Moabite Stone. By Dr. A. Neubauer.—Table of the Egyptian Dynasties.—List of Kings of Assyria.—Egyptian Calendar.

LONDON:

SAMUEL BAGSTER & SONS, LIMITED,

15 PATERNOSTER ROW.

Records of the Past—New Series.

CONTENTS OF VOLUME III.

The Precepts of Ptah-Hotep : th Oldest Book in the World. By Philippe Virey.—The Daughter of the Prince of Bakhtan and the Spirit that possessed her. By Prof. G. Maspero, Member of the Institute.—Hymn to the Nile. By Paul Guieysse.—Letters to Egypt from Babylonia, Assyria, and Syria in the Fifteenth Century B.C. By the Editor.—Ancient Babylonian Agricultural Precepts. By G. Bertin.—The India House Inscription of Nebuchadnezzar the Great. By the Rev. C. J. Ball.—Contract Tablets relating to Belshazzar. By the Editor.

CONTENTS OF VOLUME IV.

The Official Life of an Egyptian Officer, from the Tomb of Amen-em-heb at Thebes. By Philippe Virey.—Hymn to Osiris on the Stele of Amon-em-ha. By D. Mallet.—The Synchronous History of Assyria and Babylonia. By the Editor.—Inscriptions of Shalmaneser II. (on the Black Obelisk, the Kurkh Monolith, and the Gates of Balawât). By the Rev. Dr. Scheil.—A Votive Inscription of Assur-natsir-pal. By S. Arthur Strong.—Inscription of Rimmon-nirari III. By S. Arthur Strong.—Votive Inscriptions. By S Arthur Strong.—Babylonian Contract-tablets with Historical References. By Theo. G. Pinches.—The Dedication of Three Babylonians to the Service of the Sun-god at Sippara. By the Editor.—The Great Inscription of Argistis on the Rock of Van By the Editor.—Monolith Inscription of Argistis, King of Van. By the Editor.

LONDON :
SAMUEL BAGSTER & SONS, LIMITED,
15 PATERNOSTER ROW.

www.ingramcontent.com/pod-product-compliance
Lightning Source LLC
Chambersburg PA
CBHW031954230426
43672CB00010B/2145
* 9 7 8 3 3 3 7 4 1 6 8 0 5 *